Silke Wagner

Wenn die Seele zum Diktat ruft

*Peter Stenzel
Albrecht-Dürer-Str. 2
17033 Neubrandenburg*

Smaragd Verlag

Bitte fordern Sie unser kostenloses Verlagsverzeichnis an:

Smaragd Verlag e.K.
Neuwieder Straße 2
D-56269 Dierdorf
Tel.: 02689-92259-10
Fax: 02689-92259-20
E-Mail: info@smaragd-verlag.de
www.smaragd-verlag.de

Oder besuchen Sie uns im Internet unter der obigen Adresse und melden Sie sich für unseren Newsletter an.

© Smaragd Verlag, 56269 Dierdorf
Erste Auflage: Januar 2018
2. Auflage: Januar 2018
© Cover: Tom Klimmeck - Fotolia
Umschlaggestaltung: preData
Satz: preData
Printed in Germany
CPI books GmbH, Leck
ISBN 978-3-95531-167-4

Widmung

Für meine Mama

Danke für alles.

Ich durfte vieles aus unserer Beziehung lernen
und finde es spannend,
dass wir uns gerade völlig neu kennenlernen.
Ich habe so vieles durch dich lernen dürfen,
und DU darfst durch mich eintauchen in die Spiritualität.
Das ist ein großes Geschenk für uns beide.
Ich danke dir, dass gerade DU meine Mama bist,
dass DU mich geboren hast,
dass DU unsere Seelenverträge mit mir erfüllst,
auch wenn es nicht immer leicht ist.
Ich liebe dich, Mama.

Inhalt

Vorwort

Manche Bücher führen ein Eigenleben. Sie drängen sich regelrecht auf, und man weiß nicht wirklich WARUM.

Ich hatte zwei Buchprojekte fest mit dem Verlag abgesprochen und war beim Schreiben. Doch ständig drängte sich der Satz in mir auf: *Wenn die Seele zum Diktat ruft.* Am Anfang ignorierte ich ihn noch, bis ich es endlich verstand: Dieses Buchprojekt, das Sie in diesem Moment in Händen halten, wollte geboren werden.

Ich sehe schon Ihr skeptisches Gesicht vor mir und kann es Ihnen nicht verdenken. Vielleicht fragen Sie sich: „Breitet sie jetzt etwa ihr Seelenleben vor uns aus? So ein Seelen-Striptease vertrage ich nicht." Da haben Sie Recht, da können Sie sich eine Biographie von einem Star kaufen, haben Unterhaltung pur und können beim nächsten Kaffeeklatsch Amüsantes daraus erzählen. Meine nächste Frage war: „Was sagen meine lieben Mädels vom Verlag dazu, wenn ihnen etwas ganz anderes ins Haus schneit?" Sie sehen, auch ein Autor zu sein, ist nicht immer einfach.

Ich hoffe, Sie jetzt nicht zu enttäuschen, aber die Hosen runterzulassen und meine ungeschminkte, langweilige Lebensgeschichte aufzuschreiben, würde mich beim Schreiben wahrscheinlich zum Einschlafen bringen und mir nur zwei Leser bescheren, die eh alles ganz anders wahrgenommen haben und noch Anekdoten obendrauf setzen könnten: meine Eltern. Das will ich aber weder Ihnen, noch meinen geliebten Eltern zumuten.

In mir brodelte es, und ich brauchte einen ganzen Urlaub im Allgäu, um zu beschließen, meiner inneren Stimme Gehör zu schenken und dem Titel Raum zu geben.

Was ist Seele überhaupt? Eine Erfindung der Kirche, die um das Seelenheil ihrer Schäfchen besorgt ist? Oder hatten die gebildeten Kirchenleute vor Hunderten von Jahren einfach etwas einem Namen gegeben, das in uns allen schwingt? Wir verwenden den Begriff Seele so oft – ja, auch Menschen, die sich nicht spirituell nennen, benutzen ihn im Alltag. Wellness für Körper und Seele – damit wirbt zum Beispiel eine große Wellness-Oase im Radio.

Wenn die Seele jedes Einzelnen wirklich allwissend ist, ihren Seelenplan auf der Erde kennt, warum verlieren wir dann den Zugang zu uns selbst? Warum fühlen wir uns dann so oft leer, fragen uns, warum wir in einer Situation feststecken oder überhaupt leben?

Wären wir glücklicher, wenn wir besser an unsere Seele angebunden wären?

Stopp, wäre ich als Medium dann arbeitslos? Ich sag Ihnen, das ist mir herzlich egal. Das Schreibfieber hat mich gepackt.

Ich bin gespannt, ob meine Seele aus dem Nähkäst-chen plaudern möchte oder ich Übungen an die Hand be-komme. Irgendetwas müssen „die da oben" sich ja bei der Eingebung gedacht haben, oder? Ähm, oder war das meine Seele? Ich sehe schon, ich habe Klärungsbedarf. Sie auch? Dann, meine vertrauten Leserinnen und Leser wissen das schon, lasst uns im Folgenden die Du-Form benutzen. Es wird wahrscheinlich sehr persönlich.

Also, ich bin die Silke und habe leider eine SCS (Schoko-laden-Cappuccino-Schwäche). So, gleich im Vorwort eine höchst intime Beichte abgelegt und mir das damit für den Rest dieses Buches gespart.

Herzlichst,

deine Silke

Hinweis zum Buch oder Liebe Leserinnen und Leser

die Welt ist bunt, und jeder darf und soll eine EIGENE Meinung haben. Ich kann in meinen Büchern nur meine Wahrnehmungen schildern und meine Meinung vertreten. Spüre bitte sorgfältig in dich hinein und schau, wie sich die Dinge für DICH anfühlen.

Nimm dir einfach das heraus, was mit dir in Resonanz geht.

An die Leserinnen und Leser meiner vorherigen Bücher:

Ich entschuldige mich, wenn sich irgendetwas wiederholen sollte. Wenn ich aber auf das entsprechende Buch und die Übung verweise, fehlt einigen Neueinsteigern vielleicht ein Puzzleteilchen.

Und wiederholen soll ja nicht wirklich schaden, oder?

Alle Übungen in diesem Buch habe ich nicht nur an mir erprobt, sondern auch in den verschiedenen Workshops zu diesem Thema.

Hab Geduld beim Ausprobieren, sorge für die nötige Ruhe und gehe mit Freude daran. Du wirst sehen, alles funktioniert wunderbar!

Es gibt zahlreiche Methoden, um seinen Kanal zur Geistigen Welt zu öffnen, ich habe in meinen bisherigen Büchern einige davon beschrieben. Ich bin mir sicher, du hast auch deine eigenen Methoden. Sollte dir aber keine geläufig sein, wiederhole ich im Folgenden meine Lieblingsöffnung.

Absenkung der Hirnfrequenz

Die Frequenz des Hirns wird in Hertz gemessen. Das Gehirn verändert die Zustände des Gehirns selbstständig tausende Male an einem Tag. Es gibt folgende fünf Frequenzen:

1. *Gamma (100 – 38 Hertz = Schwingungen/Sekunde)*
2. *Beta (38 – 15 Hertz)*
3. *Alpha (14 – 8 Hertz)*
4. *Theta (7 – 4 Hertz)*
5. *Delta (3 – 0,5 Hertz)*

Im sogenannten Theta-Zustand haben wir am leichtesten Zugang zur Geistigen Welt. Es ist also sinnvoll, die Hirnfrequenz auf 5 – 7 Hertz abzusenken.

Das geht einfach durch Ansprache. Wir können mit allen Körperteilen kommunizieren, so auch mit unserem Gehirn. Energie folgt immer der Aufmerksamkeit. Dieses einfache Gesetz hilft uns auch hier.

Schließe deine Augen und atme einige Male ganz entspannt durch. Bitte jetzt dein Hirn, sich langsam auf 38

Hertz einzupendeln. Warte einen Moment ab und gehe dann tiefer auf 30 Hertz. Mache nach jeder Absenkung eine kleine Pause und gehe in 5er Schritten vor, bis du auf 15 Hertz bist.

Das heißt:

30 Hertz,

25 Hertz,

20 Hertz,

15 Hertz.

Bei 15 Hertz angekommen, atmest du nicht nur durch, sondern nimmst dir einen Moment Zeit, um hineinzuspüren.

Gehe jetzt tiefer auf

12 Hertz,

10 Hertz,

9 Hertz,

7 Hertz.

Schau, ob du noch runter auf 6 oder 5 Hertz möchtest. Wenn du zu müde wirst, gehe lieber wieder eine Frequenz hoch.

Hast du den Theta-Zustand erreicht, dann stell dir vor, wie ein goldener Trichter über deinem Kopf schwebt und dich eng mit der Geistigen Welt verbindet.

Das klingt viel komplizierter, als es ist, und es ist sehr effektiv. Viel Freude beim Testen!

Übrigens:

Für alle, die Einschlafprobleme haben, einfach die Hirnfrequenz noch tiefer auf den Delta-Zustand setzen.

Keine Angst: Das Gehirn setzt sich automatisch wieder hoch...

Katzenjammer

Kennst du das? Du wachst an einem Morgen auf und fragst dich, warum du jetzt eigentlich aufstehen und zur Arbeit musst. Das Bett ist kuschelig warm, die Augen noch schwer und der Wecker die größte Nervensäge, die es gibt.

Viele kluge Buchratgeber behaupten ja, wenn man seine Berufung lebt, sprich, seine Arbeit liebt, man das daran merken würde, dass man wie eine Fee gutgelaunt aus dem Bettchen schwebt, dankbar zu seiner Arbeit geht und den ganzen Tag vor Freude singend auf- und abhüpft. So erkennen Sie, dass Sie beruflich angekommen sind.

Ja klar... Liebe Autorenkollegen solcher Bücher, verzeiht mir, dass ich bei solchen Werken schon ab der zweiten Seite aussteige und mich frage, was für Drogen dieser Verfasser genommen hat. Diese Friede-Freude-Eierkuchenwelt mit rosa gefärbten Wölkchen und Schoko-Regen gibt es höchstens in kitschigen Romanen, und diese liest man doch, um sich mal wieder mit einem gewaltigen Happy End zu verwöhnen.

Ich kann eins mit Sicherheit sagen: Ich liebe meine Arbeit, glaube auch von mir, meine Berufung zu leben. Aber dennoch ist an manchen Tagen die Liebe zu meinem Kopfkissen stärker als die Lust, arbeiten zu gehen. Ich bin Mensch und keine Glücksmaschine!

Aber was heißt das für die Seele? Wenn ich mit meinem Seelenplan konform lebe, ist dann die Welt nur noch rosa? Nerven mich dann manche Menschen wirklich nicht mehr, da ich die wahre Schönheit ihrer Seele erkenne? Mich schüttelt es schon bei der Vorstellung daran. Ich glaube fest daran, dass wir Menschen Reibungspunkte brauchen. Hier geht es nicht darum zu beweisen, wie spirituell ich bin und wie sehr ich alle Menschen liebe. Wenn mich jemand nervt, ich Antipathie vom ersten Moment an empfinde, schaue ich genau hin und frage mich, was mir diese Person jetzt spiegelt. Das heißt nicht, dass ich diese Person bis zum Erbrechen lieben muss, aber einfaches Reflektieren zeigt mir in solch einem Moment ganz schön viel. Oft fallen die Rückschlüsse ein wenig bitter für mich aus, nicht immer schön. Das gebe ich gerne zu, aber ich glaube, nur so beginne ich langsam zu begreifen, wie ich ticke. Und wenn ich eins gelernt habe, dann das: Nichts ist so spannend wie die Reise zu sich selbst!

Was bedeutet es, sich mit der Seele auseinanderzusetzen? Schlummern wirklich alle Antworten, die ich für ein glückliches Leben brauche, in mir? Kann ich die Seele öffnen wie eine Schublade und nachfragen? Warum gilt die Seele eigentlich als ein Wort, das sowohl den Kirchen als auch den Esoterikern zugeschrieben wird?

Diese WARUM-Fragen sind anstrengend. Ich bin irgendwie genervt, da das Schreiben scheinbar mehr Fragen aufwirft, als ich gerade an Informationen erhalte.

Mir fällt eine Übung ein, die aus dem einzigen College für Medialität stammt, das ich kenne: das Arthur Findlay College in Standsted, Großbritannien:

Jeden Tag eine Stunde für die Geistige Welt „medial sitzen". Will heißen, versuchen, den Kopf regelrecht leer zu bekommen und einfach nur sitzen und fließen lassen. Aha, einfach – da ist für mich der Hase im Pfeffer begraben. ICH KANN NICHT JEDEN TAG EINE STUNDE MORGENS SITZEN! Das würde ja bedeuten, noch früher aufzustehen. Okay, und jetzt nochmal ehrlich: ICH WILL NICHT MORGENS EINE STUNDE FRÜHER AUFSTEHEN!

So, jetzt ist es raus, aber wenigstens ehrlich. Ich habe es probiert. Irgendwie wird mein Kopf dabei nicht ruhig, ich muss mich immer wieder ermahnen, dass der Kopf leer werden soll, damit die Geistige Welt Raum und Zeit hat, und mich nicht damit befassen, wie ich Arbeit und Kind heute wieder unter einen Hut bringe. Okay, eine Methode, für die ich definitiv keine Disziplin habe. Vielleicht, liebe Leserin, lieber Leser, bist DU mir hier 100x überlegen. Dann bitte ich dich, auf meiner Facebook Seite „Silke Wagner Medium und Autorin" für alle zu kommentieren, wie DU das wirklich geschafft hast. Ist es wirklich Disziplin oder Ehrgeiz, und ich bin einfach mit beidem nicht gesegnet? Fragen über Fragen. Sollte dies wirklich ein Buch ohne Antworten werden?

Hey, ihr da oben, das kann so nicht gemeint sein, oder?

Ich gehe jetzt mal grummelnd raus in den Schnee. Vielleicht hat Mutter Natur ja einige effektive Gedanken für mich Erdenkind, und mein Kopf wird frei. Warum ist Seele so ein Thema? Jetzt aber Jacke vom Haken, und bis später...

Wo sitzt die Seele eigentlich?

Wie ich finde, die spannendste Frage überhaupt. Ich erinnere mich daran, dass während einer Meditation der Meditationsleiter sagte: „Spüre jetzt tief in deinen Unterbauch und nimm den Sitz der Seele wahr." Das löste in mir totalen Widerstand aus, ich konnte es nicht. Mein Innerstes erklärte mir immer wieder, dass die Seele dort nicht sitzt.

Aber wo sitzt sie dann? Am Anfang blätterte ich in zig schlauen Büchern, ich wollte um jeden Preis eine Antwort. Jeder Zweite war der Meinung: Ganz klar ca. in fünf bis zehn cm Abstand über dem Kopf. Puh, das war für mich auch sehr schwierig zu verstehen und noch schwieriger anzunehmen.

Wenn ich mal diesen berühmten Satz zitiere:

„Ich bin eine Seele, die auf Erden eine menschliche Erfahrung macht."

Wenn ich mir diese menschliche Hülle also nur geborgt habe, muss dann die Seele starr über oder gar in mir sitzen? Zufällig (!) hörte ich mir gestern Abend einen Mittschnitt meiner Rückführung nach Michael Newton an. Newton hat eine ganz eigene Methode entwickelt. Es geht hier nicht wirklich um das Vorleben, sondern was die Seele macht, wenn sie ohne Körper ist. Meine Rückführung fand bei einer Ärztin statt, die noch von Newton selbst ausgebildet worden war, und ist fast auf den Tag genau sechs Jahre her.

Nachstehend ein kurzer Auszug. Das S steht für mich und das R für die Person, die die Rückführung leitete.

R: Wann bist du, liebe Seele, mit dem Embryo im Mutterleib verschmolzen?

S (wie aus der Pistole geschossen): Fünfter Monat, ich bin aber nicht verschmolzen, sondern wir haben uns bewusst füreinander entschieden.

R: Wie? Erst jetzt entschieden?

S: Ja, ich tanze zwar hier seit der Zeugung herum, aber endgültig füreinander entschieden haben wir uns erst jetzt. Das heißt aber nicht, dass ich den Körper besetzt halte mit meiner Energie. Wir gehören ab jetzt einfach zusammen. Ich als Ur-Seele und dieser kleine Teil von mir, der für dieses Erdenleben zur Verfügung steht.

R: Wenn du in den Spiegel siehst, wie nimmst du dich wahr?

S: Ich leuchte violett, weiß und silber und bin mal wie ein Ball, mal wie ein Nebel – ich habe keine feste Form.

Ich hatte diesen Rückführungs-Mitschnitt vollkommen vergessen und lauschte wie gebannt. Steckten hier meine Antworten drin? Und warum fragte ich eigentlich nicht die

Geistige Welt sondern studierte die Meinungen anderer Menschen? Komisch, ich hatte die CD mit diesem Mitschnitt kein einziges Mal wieder gehört, und jetzt hörte ich zu und war verblüfft, was alles darin steckte.

Es ist so spannend, wie die Geistige Welt uns manchmal führt. Damals hatte ich das Wissen einfach nicht gebraucht und daher auch nicht abgespeichert. Wie schön, dass Jahre später dieser Mitschnitt mir völlig neue Ansichten eröffnete. Dazu noch welche, die ich selbst mit klarer Stimme sprach. Konnte es das geben, sollte ich so vieles schon wissen und einfach vergessen haben, oder war es wirklich bisher auf meinem Entwicklungsweg nicht wichtig gewesen?

Okay, also noch mehr Fragen in mir, obwohl ich aus dem obigen Mitschnitt schon einiges für mich herauslesen konnte.

Natürlich fragte ich auch bei der Geistigen Welt nach, ich hatte Feuer gefangen und wollte es jetzt wissen.

Mein Fazit bisher:

Die Seele hat keinen festen Platz im oder am Körper. Trotzdem können wir mit ihr kommunizieren und ihr langsam näherkommen.

Übung

Öffne dich nach einer Methode deiner Wahl für die Geistige Welt oder beginne mit der Öffnung, die du am Anfang des Buches findest.

Sobald du dich bewusst für die Arbeit mit der Geistigen Welt geöffnet hast, halte beide Hände über deinen Kopf und schau, wie sich die Aura hier anfühlt. Es ist wichtig, hier langsam vorzugehen und genau in dich hineinzuspüren, damit du Veränderungen wahrnehmen kannst.

Bitte nun deine Seele, sich ca. fünf cm über deinen Kopf zu begeben. Nimm nochmals die Hände hoch und versuche, das „Gebilde" (Wolke, Ball usw.), das sich formiert hat, mit den Händen abzutasten.

Kannst du sie spüren?

Wenn ja, schreibe bitte hier auf, welche Veränderungen du wahrnehmen kannst. Ich hab es mit zahlreichen Workshop-Teilnehmern inzwischen ausprobiert. Es war sehr erfolgreich und spannend.

So fühlt sich meine Seele an, wenn ich sie mit den Händen ertaste:

_____

_____

_____

_____

Bitte schreibe alles genau auf, was dir in den Sinn kommt. Vielleicht spürst du Wärme, Kälte – Wie fühlt sich das erste Herantasten an?

Hier geht es einfach darum, ein Gefühl zu bekommen, zu wissen, dass die Seele auf Ansprache reagiert und fühlbar ist.

Du fühlst an dieser Stelle nichts?

Dann erlaube mir, dass ich dich mit auf einen kleinen Ausflug nach Kalifornien, genauer gesagt zum Hearth-Math-Institut, mitnehme, um dir kurz mit wissenschaftlichen Fakten klarzumachen, dass wir alle spüren können.

Bitte verzeih, dass ich alles in meine laienhafte Worte verpacke, du kannst das gerne im Internet nochmals nachschlagen und wissenschaftlich formuliert lesen.

Ein durchschnittliches Gehirn wiegt ca. 1,3 Kilo und ist damit viermal so schwer wie das Herz.

Die Entwicklung des Gehirns beginnt in der dritten Schwangerschaftswoche. Durch die Zellteilung entsteht im Embryo das sogenannte Neuralrohr, ein mit Flüssigkeit gefüllter Zylinder. In ihm bilden sich die Nervenzellen, die sich im Laufe der Hirnentwicklung mit einer Geschwindigkeit von bis zu 250.000 Neuronen pro Minute vermehren.

Das ist jetzt tatsächlich aus einem alten Biologie-Buch von mir geklaut. Leider gibt es den Verlag nicht mehr, sodass ich hier keine ordnungsgemäße Quelle zitieren kann. Aber es ist einfach wichtig, wenn auch völlig untypisch für mich. Aber ihr werdet gleich sehen, warum ich diesen Ausflug mache.

Ich habe noch gelernt, dass sich Neuronen nur im Hirn befinden. Du auch?

Tja, dann lehrt uns das Heartmath-Institut etwas völlig anderes. Neuronen wurden ebenfalls im Herz sowie im Darm nachgewiesen. Will heißen: Herz und Darm verfügen über ein eigenes Gehirn, einen eigenständigen Denkapparat, nur mit anderen Zuständigkeiten.

Bleiben wir mal beim Herzen. Hierin steckt unsere ganze emotionale Intelligenz. Diese ist besonders wichtig, wenn wir uns mit der Geistigen Welt verbinden.

Mach dir einmal Folgendes klar:

Dieses Institut hat nachgewiesen, dass unsere Herzfrequenz die schnellste und stärkste MESSBARE Frequenz eines Menschen ist, schneller als unser Hirn im Kopf. Emotionen nehmen wir also viel schneller wahr als unser rationales Denken. Emotionen senden den ersten Impuls durch unsere Nervenbahnen. Will heißen: Wir sind alle EMOTIONAL INTELLIGENT.

Leider werden wir in unserer Gesellschaft recht früh auf Leistung und rationale Intelligenz geschult. Die Emotionen werden zweitrangig, und wir verlassen uns auf die geschulten Wege. Wenn wir uns dieses System aber mal klar machen, wird schnell bewusst, dass wir alle ein fantastisches sogenanntes Bauchgefühl haben. Ich betone hier nochmals: DAS VIEL SCHNELLER IST ALS UNSER HIRN!!!

Will heißen: Wenn wir uns das bewusst machen, richten wir unsere Aufmerksamkeit auf den ERSTEN Impuls. Und der ist rasend schnell.

Aus diesem Grund ist es wichtig, auf sein Herz zu hören und den ersten Impuls wahrzunehmen. Wenn du anfängst nachzudenken, bist du schon im Hirn und aus der Herzverbindung raus. Deshalb ist es beim Channeln so wichtig, auf den ersten Impuls zu achten. Das ist noch Eingebung und nicht von unserem Hirn in 1000 Einzelteile zerpflückt. Du musst also schnell fühlen, schnell den ersten Impuls aussprechen. Je mehr Zeit du vergehen lässt, desto sicherer ist es, dass du nicht in der Herzanbindung bist.

Das Herz mit all seinen Emotionen gilt als das Sprachrohr der Seele. Erscheinen dir jetzt Herzstolpern, Herzinfarkt und ähnliche Herzprobleme in einem anderen Licht? Es zeigt deutlich auf, dass in unserem Leben etwas schiefläuft, wir nicht mit unserem Seelenplan konform laufen.

An dieser Stelle möchte ich dir eine kleine Übung zu diesem Thema vorstellen:

Übung

Lege anfangs zwei Finger auf den linken Puls und stell dir vor, wie du den zartrosa Energiestrahl durch deine Finger in den Puls fließen lässt. Atme dabei bewusst tief ein und aus. Folge jetzt dem Farbstrom in deinem Körper, bis du im Herzbereich bist. Halt inne und flute den Herzbereich mit diesem Licht.

Konzentriere dich jetzt auf deine fünfte Herzkammer. Visualisiere sie in der Form des Dodekaeders (Bild siehe rechts). Bitte jetzt die Geistige Welt, alle Herzprobleme (körperlich und seelisch), die du für deine Ahnenreihe sieben Generationen zurückträgst, aus deiner fünften Herzkammer zu löschen. Lege dabei eine Hand auf deinen Herzbereich und lass so lange fließen, bis du ein natürliches „Stopp" verspürst.

Nun bittest du darum, alle deine Gefühle und Empfindungen des Zurückgewiesen-Seins aus deinen ganzen Lebensjahren aus dem Dodekaeder und deiner Zellerinnerung zu löschen. Bleib so lange in der Energie, bis du ein Gefühl von Ruhe und Geborgenheit verspürst. Schreibe dir bitte mit dem Finger zum Abschluss die Zahl 1042 auf den Herzbereich, gerne auch mehrmals über den Tag verteilt, und bedanke dich bei deinen Ahnen und der Geistigen Welt für ihre Hilfe.

Näheres zu den Heilzahlen findest du in meinem Buch „Toularion – Blitzheilung aus Atlantis".

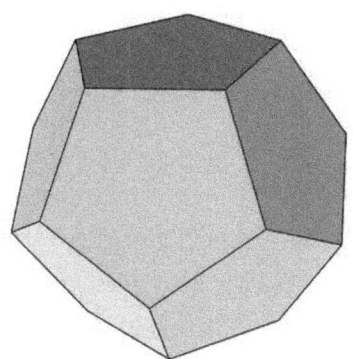

Hier ein Hinweis zur fünften Herzkammer:

Dr. Otoman Zar Adusht Hanish gab 1920 eine sehr wichtige Entdeckung bekannt:

Es gibt nicht nur vier Herzkammern, sondern auch eine fünfte. Diese fünfte Herzkammer (im hinteren Teil der vierten Herzkammer) wird wohl auch immer bei einer Herz-OP aus Sicherheitsgründen weiträumig umgangen und findet kaum Erwähnung. Die Mediziner sind hier sehr geteilter Meinung.

Jetzt sind wir überhaupt bei einem extrem spannenden Thema. Menschen, die chronische Schmerzen haben, haben sich oft gefühlsmäßig so abgespalten, dass sie die Warnungen ihres Körpers nicht mehr wahrnehmen können. Hier ist die Aufgabe, die Menschen wieder zum Fühlen zu bringen, sich selbst zu spüren.

Sehr spannend ist, wie fortschrittlich einige Kliniken, die die Botschaft des Schmerzes erkannt haben, damit umgehen: Wenn die Seele um Hilfe schreit, fängt der Körper an zu sprechen!

Ich weiß von einer Klinik, in der man den Patienten eine Nacht lang den Schlaf entzieht, und zack, ist der Rhythmus so durcheinander, dass das Kartenhaus – die Schutzmauer, die sich die Patienten gebaut haben – zusammenfällt...

Nicht umsonst galt früher Schlafentzug als ein geeignetes Foltermittel, um die Menschen zum Reden zu bringen. Klar setzt die Folter auf Angst, das machen die modernen Therapien natürlich nicht.

Ist das nicht interessant, dass wir nach einer Nacht Schlafentzug schon viel emotionaler sind? Unsere Herzemotionen viel deutlicher spüren?

Wenn du dir das jetzt alles bewusst machst, weißt du, dass folgende Sätze nicht wahr sein können:

- *Ich fühle nichts aus der Geistigen Welt!*
- *Ich spüre nichts aus der Geistigen Welt!*
- *Ich empfange nichts aus der Geistigen Welt!*

Streiche diese Sätze sofort wieder aus deinem Denken und mache dir bewusst: „Ich bin nur zu langsam, ich höre nicht auf die emotionale Intelligenz in mir! Ich kann genauso channeln, mit der Geistigen Welt kommunizieren und fühlen wie alle anderen Menschen."

Du musst nur lernen, deiner emotionalen Intelligenz zuzuhören!

Mach jetzt mit diesem Bewusstsein die obige Übung noch einmal. Erkennst du den Unterschied?

Das Institut hat auch herausgefunden, dass sich die Herzfrequenz einer Gruppe automatisch aufeinander einstellt. Das erklärt, warum beispielsweise in Seminaren die Übungen leichterfallen als zu Hause.

Hier gibt es aber einen einfachen Trick, um die Energie aus dem Seminar mit nach Hause zu nehmen.

Sätze wie: „Im Seminar ist immer alles ganz leicht, zu Hause bekomme ich das nicht hin", gehören damit der Vergangenheit an.

Sobald du etwas aufgenommen hast, was du auch zu Hause anwenden möchtest, schlage dir zweimal leicht auf den Herzbereich. Damit setzt du einen Anker im Herzbereich und kannst dir zu Hause den Anker mit der gleichen Klopftechnik wieder zurückholen, einfach, indem du daran denkst.

Ja, so einfach kann es sein!

Auf! Los! Nochmal zur Übung zurück. Sobald du deine Seele spürst, wahrnimmst, klopfe dir auf den Herzbereich. Wie sich die Seele anfühlt, sollte man ruhig verankern...

Hier übrigens ein Link zu einer völlig spannenden Übung aus diesem Institut:

http://blog.heartmathdeutschland.de/category/herzintelligenz/

Verzeih mir bitte an dieser Stelle nochmals den leicht wissenschaftlichen Ausflug. Ich halte ihn einfach für zu wichtig, um ihn außer Acht zu lassen.

Die Basis oder Ein Wort zur Siebten Dimension

Als ich diesen Begriff von der Geistigen Welt das erste Mal hörte, konnte ich nicht viel damit anfangen. Inzwischen arbeite ich viel über die Siebte Dimension, sie ist die Basis vieler meiner Übungen. Aus diesem Grund möchte ich sie in diesem Kapitel grundsätzlich aus MEINER Sichtweise erklären, damit ich sie bei den Übungen nicht immer wiederholen muss.

Meister Kuthumi erklärte sie mir damals so:

Es gibt eine Atmosphäre, in der alle Seelenfamilien zu Hause sind. Da ihr Menschenkinder eine andere Sichtweise auf Weite habt, sprechen wir hier von Dimensionen, um es für euch verständlicher zu machen. In Wirklichkeit ist alles in der Einheit des göttlichen Funkens geboren und erschaffen. Im Energiefeld der Siebten Dimension fühlt sich die Seele zu Hause und ist in ihrer intensivsten Anbindung. Hier kann sie alles fließen lassen und ihre Göttlichkeit tanken. Es ist die Ebene allen Ursprungs, allen Seins.

Wenn man die Siebte Dimension googelt, findet man zig verschiedene Dimensionen und Erklärungen. Ich arbeite gerne mit der von Meister Kuthumi.

Wie tauche ich ein in die Siebte Dimension?

Lege deine Hände auf deine Knie, nimm einige tiefe Atemzüge und achte darauf, dass du völlig entspannt dabei bist. Sage dir jetzt leise 3-mal: „Eintauchen in die Siebte Dimension", und lass die Energie durch deine Hände fließen. Lass alles zu, was du jetzt spüren kannst.

Effektiver ist diese Übung, wenn man zu zweit ist:

Nimm von deinem Gegenüber beide Zeigefinger jeweils in eine Hand und gib das Kommando: „Eintauchen in die Siebte Dimension!" Lass diese Energie einfach fließen und achte auf dein Gegenüber. Besser ist es, diese Übung im Sitzen durchzuführen, da es oft weiche Beine dabei gibt.

Gib die Energie am Anfang langsam weiter und lass dein Gegenüber immer wieder wahrnehmen, wie er sich fühlt, bevor du diese Übung wiederholst.

Bitte aber insgesamt nicht länger als drei, vier Minuten bei einer Person anwenden!

Nach Abschluss dieser Übung unbedingt ERDEN!

Hier eine kurze Anmerkung zur Erdung inklusive Übung:

Erdung, ein wichtiges und spannendes Thema. Leider wird bei der spirituellen Arbeit oft unterschätzt, wie wichtig Erdung ist. Meine Art der Erdung war bisher (leider) das Essen. Da ich jetzt darauf achte, dieses Muster abzulegen, merke ich erst, wie schwer das mit dem sinnvollen Erden ist. Channelings, Heilarbeit – einfach jede Form, mit der Geistigen Welt in Kontakt zu treten, ist mit einer vernünftigen Erdung sehr viel leichter und bewahrt uns auch davor, den Höhenflug zu bekommen. Wir sind alle auf Augenhöhe.

Wie kann ich mich erden? Natürlich geht das, indem man sich mit nackten Füßen auf eine Wiese stellt oder einen Baum umarmt. Leider nicht immer zu bewerkstelligen. Die Methode, zu visualisieren, dass Wurzeln aus den Füßen in die Erde wachsen, ist auch altbekannt. Doch wer nicht so gerne visualisiert, tut sich damit schwer.

Ich empfehle folgende Übung:

Stell deine Füße bewusst auf den Boden und spüre einen Moment hinein. Begrüße Mutter Erde ganz bewusst, segne sie für ihre Arbeit und ihre Liebe und bitte das „Kleine Volk", das als Helfer von Mutter Erde agiert, euch über den zartbraunen Farbstrahl zu verbinden. Bleib einen Moment in dieser Energie stehen und spüre, wie deine Fußchakren anfangen zu „kribbeln", sich zu öffnen. Bedanke dich bei Mutter Erde und dem „Kleinen Volk" und gehe in dem Bewusstsein, tief mit Mutter Erde verbunden zu sein, ein paar Schritte.

Natürlich kannst du auch jede andere Form der Erdung wählen, achte hier auf dein Gefühl.

Hat meine Seele eigentlich einen Namen, und wie verstehe ich das mit dem Aufbau der Seele?

Spannende Frage, wie ich finde. Gehen wir doch noch einmal in das Ursprungsbild:

Die gesamte Seele ist quasi die Mutter und jede Inkarnation eine Tochter oder ein Sohn der Seele, quasi ein Seelenelement. Nun ist dieses Seelenelement in viele Seelenanteile gegliedert. Sicherlich kennst du den Satz: Seelenanteil verloren, er kreist ja durch sämtliche esoterisch angehauchten Quellen.

Durch meine langjährige Erfahrung bei medialen Einzelsitzungen weiß ich inzwischen, dass an dieser Geschichte etwas dran ist. Beispielsweise bei Schockerlebnissen spalten wir zu unserem Schutz einen Seelenanteil ab.

Wie wir einen abgespaltenen Seelenanteil wieder zurückholen können (sofern die Zeit dafür im Rahmen des Schutzprogramms der Psyche reif ist), erkläre ich im nächsten Kapitel.

Unser Seelenelement ist auch für unseren Schutz im Rahmen unserer Seelenaufgaben zuständig. Wenn wir uns das bewusst machen, können wir sie auch als Wächter unserer Psyche sehen. Aber Vorsicht, hier ist sehr wichtig: Immer nur im Rahmen der Seelenaufgabe!!!

Bist du schon verwirrt? Glaube mir, das war ich am Anfang auch.

Jede Seele hat einen Namen. Jedes Seelenelement, das für eine Inkarnation steht, übrigens auch.

Jetzt wird es noch ein Stück komplizierter. Womit kommuniziere ich dann eigentlich? Mit der Mutterseele oder dem Seelenelement?

Das ist für mich die Frage überhaupt. Ich möchte, bevor ich an die Beantwortung gehe, noch einmal auf Folgendes hinweisen: Es ist meine Meinung, nicht die allumfassende Weisheit...

Spüre in dich, was davon für dich passt und was nicht, aber verbiege dich bitte nicht. Ich habe festgestellt, dass mein menschlicher Verstand das alles oft nicht begreifen kann und ich die Hilfe der Geistigen Welt brauche. Ich bin dankbar, dass ich beim Schreiben dieses Buches gut angebunden bin, und manchmal brauche ich auch den Rückzug, um erst über alles nachzudenken, was ich erhalten habe. Ich glaube, so schwer habe ich mich mit noch keinem meiner bisherigen Bücher getan.

Mein Eindruck ist, dass wir Menschen uns durch den Verstand so beschränken, dass wir uns unserer eigenen Göttlichkeit nicht bewusst sind. Und unsere Mutterseele ist die reinste Energie, ein Lichtball im Universum ohne Schatten. Unser wahres, echtes ICH, ohne Ego, ohne Negativität.

Das allein widerspricht ja schon den dualen Gesetzen der Erde, also starker Tobak für die geneigten Leserinnen und Leser. Das ist mir klar.

Seelen reifen durch ihre Aufgaben, sie wachsen spielerisch durch die einzelnen Inkarnationen...

Einer meiner liebsten Sprüche ist folgender:

„Als ich meinen Seelenplan festgelegt hatte, hatte ich todsicher zu viel Aperol Spritz." Die meisten Menschen in meiner Umgebung können den sicher nicht mehr hören, aber manchmal fühlt man sich einfach ohnmächtig, einer Situation nicht gewachsen, und fragt sich: „DAS habe ich mir da oben in die Wiege gelegt, um zu reifen?"

Ja, auch wenn ich oft Witze dazu mache, das wäre wiederum zu einfach. Ich glaube, dass wir uns ganz bewusst unsere Schatten für die Inkarnationen festlegen. Das nimmt uns aber nicht aus der Verantwortung, denn wir haben immer noch das große Geschenk des freien Willens.

Mein Seelenelement ist das Bindeglied zwischen meiner großen göttlichen Mutterseele und mir. Das, was ich über meinem Kopf wahrnehmen kann, ist mein Seelenelement für diese Inkarnation.

Ich kann ganz leicht intensiv mit ihr kommunizieren. Die Kontaktaufnahme zur Mutterseele fühlt sich schon ganz anders an und zeigt sich auch in zwei unterschiedlichen Seelennamen.

Ich kann das mal an mir aufzeigen:

Mein Seelenelement ist *MELIJANA*.

Meine sogenannte Mutterseele *BELLJANDRA*.

Wie bin ich darauf gekommen? Kannst du das auch? Und wie kann ich mir sicher sein, dass es die richtigen Namen sind?

Das sind doch deine Fragen, oder?

Langsam, alles der Reihe nach.

Meine beiden Namen haben eine unterschiedliche Schwingung, schon beim Aussprechen. Ich wusste automatisch, wie ich sie betonen muss, und beide wirken unterschiedlich auf mich.

Rufe ich *Melijana*, spüre ich sofort eine tiefe Ruhe, den Mut weiterzugehen und erhalte tiefe Einblicke in die Akasha-Chronik meines derzeitigen Lebensplans.

Mit *Belljandra* verspüre ich das höchste Glücksgefühl, Leichtigkeit und eine tiefe Anbindung an die Geistige Welt.

Beide Namen vermitteln mir ein Heimatgefühl, lassen mich strahlen und tanken mich wieder auf. Daran erkennst auch du, dass du jeweils den richtigen Namen hast. Sie setzen nämlich einen Prozess in dir in Gang, der mit keinem positiven Gefühl der Welt zu vergleichen ist. Es fühlt sich alles noch strahlender, noch umfassender an, es lässt sich nicht in Worte fassen.

Wie rufe ich die Seelennamen ab?

Wie wir vorhin gelesen haben, verfügen wir alle über eine emotionale Intelligenz. Diese machen wir uns hier zunutze. Lege dir bitte Papier und Bleistift zurecht.

1. *Wir öffnen uns für die Geistige Welt nach deiner Methode, oder du nimmst die Absenkung der Hirnfrequenz aus diesem Buch.*
2. *Wir erinnern uns, wie sich die Seele über unserem Kopf angefühlt hat und bitten sie an diesen Platz zurück. Wir holen uns das Gefühl ganz tief in unser Bewusstsein, indem wir 2-mal auf unseren Herzbereich klopfen.*
3. *Lass dieses Gefühl jetzt bewusst durch deinen Körper fließen. Versuche, es bewusst in den Herzbereich zu atmen.*
4. *Denk daran: Energie folgt der Aufmerksamkeit. Vertraue dem Gefühl, dass du dir alle Antworten auf Seelenebene abholen kannst.*
5. *Bitte jetzt zuerst dein Seelenelement, seinen Namen preiszugeben. Wichtig ist es, hier KEINE PAUSE IM KOPF ENTSTEHEN ZU LASSEN! Denk daran, die Herzenergie ist schnell. Schreibe den ersten Impuls für einen Namen auf. Genauso verfährst du mit dem zweiten Namen, dem Namen der Ur-Seele.*

Wichtig ist hier, die Schnelligkeit der emotionalen Intelligenz zu nutzen und zu verwenden. Wenn du die Namen erhalten hast, sprich sie jeweils 3-mal laut aus und verankere dieses Gefühl erneut im Herzen durch zweimaliges Klopfen im Herzbereich.

Ich habe immer das Gefühl, wenn ich in meinem Herzbereich etwas verankere, ist der Rhythmus KAWUMM, KAWUMM – frag mich nicht weshalb, aber es fühlt sich so befreiend an...

Ich finde, auch das Gefühl und die Erkenntnis bei dieser Übung sind sehr wichtig. Aus diesem Grund bin ich der Meinung, dass wir medial arbeitenden Menschen es unseren Mitmenschen nicht abnehmen sollten. Was dieses Abfragen und Wiederfinden des Namens auf Seelenebene in einem auslöst, sollte jeder für sich selbst tief und intensiv spüren dürfen.

Verlorene Seelenanteile zurückholen

Gerade die schamanischen Methoden haben hier alle ihre eigenen Wege und Mittel. Sie haben erkannt, wie wichtig die Seele ist, und das finde ich unglaublich schön. Es spielt keine Rolle, mit welcher Methode du an diese Arbeit herangehst. Wichtig ist, dass deine Absicht aus einem liebevollen und positiven Herzgefühl kommt. Hinterfrage deine Absicht, achte darauf, was dich antreibt.

Mache dir bewusst, dass du niemals der Heiler für eine andere Seele bist, sondern ein Werkzeug für die Seele deines Gegenübers. Du musst wissen, dass eine Seele immer im Einklang mit dem jeweiligen Lebensplan steht, du kannst diesen nicht neu schreiben. Manchmal müssen wir die Einstellung zu Krankheiten in unserem Gegenüber akzeptieren. Die Seele entscheidet, was sie zulassen möchte und was nicht.

Deshalb sei nicht traurig, dass du mit dieser Methode nicht die Welt zwangsbeglücken kannst, sondern alles seinem eigenen Gesetz folgt.

Wenn du das verinnerlicht hast und akzeptierst, wirst du im richtigen Bewusstsein an diese Arbeit herangehen.

Das ist leider eine Partnerarbeit. Diese Übung für sich selbst alleine zu machen, ist eher schwierig.

Aber was hindert dich daran, dir jemanden ins Leben zu bestellen, der bereit ist, diese Übung gegebenenfalls auf Gegenseitigkeit mit dir durchzuführen? Wenn ihr beide lernen dürft...

Hier die Übung:

1. *Öffne dich für die Geistige Welt.*
2. *Lass dein Gegenüber in die Siebte Dimension eintauchen.*
3. *Mach eine kurze Pause und lass es nachwirken.*
4. *Nimm die Zeigefinger deines Gegenübers in beide Hände und gib 3-mal im Kopf leise das Kommando: „Abgetrennte Seelenanteile wieder zusammenführen."*
5. *Lass diese Energie einfach durchlaufen, die Seelenebene heilt, was sie zulassen kann.*
6. *Ist dir ein bestimmtes Ereignis bekannt, bei dem ein Seelenanteil abgetrennt wurde, kannst du diesen Anteil auch speziell benennen.*
7. *Bitte dein Gegenüber, einige Schritte zu gehen, und frage ihn, wie er sich fühlt.*
8. *Erde dein Gegenüber, das ist danach ganz wichtig.*

Ich höre oft von Menschen um mich herum, dass das Zurückholen von Seelenanteilen nicht so einfach sein kann. Doch, darf es! Wir Menschen denken immer nur so kompliziert und haben oft das Gefühl, alles ein wenig ausschmücken zu müssen. Hab Mut und probiere es aus!

Du hast nichts zu verlieren...

Wie lautet eigentlich meine Seelenaufgabe?

Früher oder später kommen wir alle an den Punkt, an dem wir uns fragen, warum wir eigentlich diese Inkarnation gewählt haben. Die einen suchen in der Esoterik ihre Antwort, die anderen in der Wissenschaft oder in der Religion. Alles ist erlaubt, und ich habe für alles Verständnis. Wir stellen uns unseren Seelenauftrag immer so großartig vor, oft sind es aber die gefühlten kleinen Aufgaben, die es wirklich in sich haben.

„Wie lautet meine Seelenaufgabe?", ist wohl die meist gestellte Sitzungsfrage, die so ziemlich alle beschäftigt. Fast ist es schon ein Modewort. Wenn dann so eine Antwort kommt wie „Liebe dich selbst", „lerne Grenzen setzen" oder ähnlich vermeintlich Einfaches, sind die Menschen oft sehr enttäuscht. Meine Oma pflegte immer zu sagen: „Nicht jeder kann die Welt regieren", und da hat sie nicht Unrecht. Und doch ist jeder Mensch im Rad der Zeit wichtig, damit sich das kosmische Gefüge bilden kann. Jeder noch vermeintlich kleine Platz ist wichtig – DU bist wichtig. Es ist wie beim Schachbrett – alle Figuren greifen im Spiel kollektiv ineinander über.

Und du hast die Wahl. Du kannst deinen Platz jederzeit verändern. Nichts ist so festgeschrieben, wie es scheint. Das klingt jetzt mystisch, aber spüre einfach mal hinein, tauche ab in diese Energie. Der Regisseur deines Lebens bist du. Über Visionen und Reinspüren in dich kannst du deinen Platz verändern. Gerade wenn du das Gefühl hast, auf der Verliererstraße zu sein.

Auch ich war schon ganz weit unten, auch wenn du dir das heute vielleicht nicht vorstellen kannst, und habe nochmals mein Leben komplett ändern müssen. Selbst als ich meinen Partner kennenlernte, hörte ich auf meine innere Stimme und war deshalb völlig ohne Hintergedanken bei seinem Vortrag. Und das nur, weil mir ein Hinweiszettel zu diesem Vortrag regelrecht vor die Füße gefallen war.

Das heißt nicht, dass Visionen ausreichen, um deinen Platz zu ändern und die Ausgangslage zu verbessern. Träumen und sich zurücklehnen funktioniert nicht. Du musst auf die kleinen Zeichen achten, die sich dir unweigerlich zeigen, und genau dort ansetzen und die Initiative ergreifen. Wenn du dabei auf deine emotionale Intelligenz hörst, weißt du immer, dass du nichts missverstehst. Das ist wichtig, um die richtige Sicherheit zu bekommen.

In jede Inkarnation nehmen wir eine Lebensaufgabe mit. Doch am Ende unseres Lebens erwartet uns kein Richter, der schaut, was wir davon geschafft haben. Du selbst schaust dir deine Lebensrückschau an, und das, was du an Aufgaben nicht erfüllen konntest, nimmst du einfach mit ins nächste Leben. Wir blicken gleich im nächsten Kapitel noch in die sogenannte Akasha-Chronik. Vielleicht fällt es dir dann ein wenig leichter, diese komplexen Vorgänge zu begreifen.

Ich hoffe, ich konnte dir mit diesen Zeilen Mut machen und dir zeigen, dass du aus wirklich jeder Situation nochmal dein Leben in die Hand nehmen kannst. Leider vergessen viele dieser Wunsch-Bücher, auch darauf hinzuweisen, dass du konsequent den Zeichen nachgehen musst.

Du suchst zum Beispiel eine neue Stelle, schlägst die Zeitung auf, und da steht sie beschrieben: deine Traumstelle. Wenn dein erster Impuls ist, das wird sowieso nichts, dann brauchst du die Bewerbung nicht loszuschicken. Wenn du aber mit der Einstellung hineingehst: „Juhu, mein Fingerzeig, das probiere ich gleich aus", dann hat schon deine Bewerbung eine Siegermentalität. Merkst du, worauf es ankommt? Lass dich nicht von mangelnden Qualifikationen abschrecken, es kommt nicht wirklich darauf an. Sei authentisch und höre in dich hinein. Geh durch die Welt in dem Bewusstsein, dass du alles schaffen und erschaffen kannst. Du brauchst nur den Ja-FÜHLEN- und Zupack-Mut! Und deine emotionale Intelligenz kann das, wenn du ihr Gehör schenkst.

Die Seelenaufgabe zu kennen ist dabei nicht wirklich wichtig. Nur tritt bei den meisten Menschen im Alter zwischen 40 und 60 nochmals die Frage nach dem Sinn des Lebens auf. Sie hinterfragen alles, stellen fest, dass sie den falschen materiellen Träume nachgejagt sind oder zu viele Kompromisse gemacht und keinerlei Gefühl mehr für sich selbst haben. Dieser Funktions-Modus kann sehr zerstörerisch sein. Hier lohnt es sich, nochmals auf seine innersten Gefühle zu schauen und auch mal einen Blick auf Seelenaufgaben, Seelenabsprachen bis hin zu Seelenverträgen zu werfen und alles zu prüfen.

Wie erfährst du deine Seelenaufgabe?

Hier die Übung:

Telefonieren mit der Seele

1. *Öffne dich bewusst für die Geistige Welt.*
2. *Spüre in deinen Herzbereich und bitte die fünfte Herzkammer, sich zu weiten und alle emotionalen Türen zu öffnen.*
3. *Hole dir einen positiven Gedanken ins Bewusstsein, ein Gefühl, das dich sehr glücklich macht, und gehe damit im Herzbereich in die absolute Resonanz. Lass alle positiven Gefühle regelrecht aus dir herausströmen.*
4. *Mache dir nun bewusst, dass du durch diese Herzöffnung eng mit dem Klang deines Seelenbilds verwoben bist und Mauern fallen konnten.*

5. *Bitte dein Ego, bewusst an die Seite zu treten, in die Beobachterposition zu gehen und deiner Seele allen Freiraum zu lassen, den sie braucht, um intensiv mit ihr zu kommunizieren.*
6. *Stell deiner Seele jetzt konkret folgende Frage: „Was ist in diesem Leben mein Seelenauftrag?"*
7. *Zücke dann ein imaginäres Handy und stell dir vor, wie du die Nummer deiner Seele wählst.*
8. *Warte einen Moment, bis sich über deinen Herzkanal die Leitung aufbaut.*
9. *Dann nimmst du symbolisch ab, und das Erste, was dir jetzt hellfühlig, hellwissend oder hellhörend in den Sinn kommt, ist wichtig.*
10. *Achte auf die Schnelligkeit, denke daran, dass deine emotionale Leitung schnell ist und eng verbunden mit allen Zugängen zu den anderen Dimensionen.*
11. *Sollte dein Telefon besetzt sein, leg auf und wähle einfach nochmal.*
12. *Du wirst deine Antwort ganz sicher erhalten.*

Eintauchen in die Akasha-Chronik

Die Akasha-Chronik ist sehr faszinierend und für uns Menschenkinder kaum zu erfassen. Spannend zu wissen war für mich, dass sich sogar Paracelsus vor Hunderten von Jahren damit befasste.

Akasha ist ein Wort aus dem Sanskrit, das übersetzt so viel wie „Äther" bedeutet und als die Bibliothek aller Leben und Seelen gilt. Das Weltwissen soll hier abgespeichert sein.

Alles Lebendige, das heißt, jeder Mensch, alle Tiere, jede Pflanze und jeder Ort – alles hat eine Seele, somit haben sie auch alle in der gigantischen Festplatte der Akasha-Chronik ihren Platz. Ich gehe auch davon aus, dass alle Wesen in der Geistigen Welt eine Chronik haben, und ganz überraschend: auch jedes Haus.

Beweisen kann ich es genauso wenig wie alle anderen. Selbst Albert Einstein versuchte es lange Zeit und scheiterte. Natürlich kannst du das jetzt als Quatsch ablegen, aber ich bitte dich zu bedenken, wie alt die Hinweise auf diese Chronik bereits sind.

Insbesondere in Indien und auf Bali gibt es zahlreiche Menschen, die darauf spezialisiert sind, in Palmblättern zu lesen. Ich persönlich glaube ja, dass diese Palmblätter nicht wirklich gelesen werden, sondern dass diese Menschen einen ganz exzellenten Zugang zur Akasha-Chronik haben.

Nach meinen Erfahrungen ist die Akasha-Chronik wie folgt aufgebaut:

Jede Mutterseele hat für jede einzelne Inkarnation ein eigenes Buch, wobei die Mutterseele der Hauptband ist. Die Anzahl der Bände hängt von der Anzahl der Inkarnationen ab, aber allein die Bibliothek für einen einzelnen Menschen ist riesig und übersteigt unser Vorstellungsvermögen (zumindest das meinige).

Der Band einer Inkarnation ist wie folgt aufgebaut:

Wenn du den Band aufschlägst, stehen auf der ersten Seite alle Namen der aktuellen Inkarnation, inklusive Geburtsname und Namen aus vergangenen Ehen. Gleich darunter der Name der Mutterseele und der Name der Elementarseele für diese Inkarnation. Sie bilden quasi ein Dreieck.

Dann folgen auf den nächsten Seiten alle wichtigen Ereignisse des aktuellen Lebens inklusive Geburts- und Sterbedatum. Nach dem Sterbedatum findest du eine Seite mit dem Seelenauftrag dieser Inkarnation und dann die Seelenverträge, die du für dieses Leben abgeschlossen hast.

Aber Achtung! Wir haben nicht auf alles Zugriff!

Hier gilt Folgendes:

- **Das Sterbedatum ist für uns tabu und kann niemals herausgelesen werden.**

- Das Lesen in der Chronik nimmt uns keine Entscheidung ab. Wollen wir uns damit eine Entscheidung abnehmen, werden wir nur ein weißes Blatt sehen.
- Das größte Geschenk, das wir haben, ist der freie Wille. Deshalb gibt die Akasha-Chronik immer nur einen groben Rahmen vor. Die Seiten können sich verändern, wenn der Mensch einen anderen Weg einschlagen möchte als der vorgezeichnete.
- Geburtsdatum, Sterbedatum, Namen und Seelenansprachen sind die einzigen feststehenden Bausteine in der Chronik.
- Tragen wir große Schuldgefühle aus der Vergangenheit mit uns herum, können wir die Chronik auf dieser Seite aufschlagen und noch einmal neu schreiben. Nicht um die Geschichte zu verändern, sondern um unseren Seelenfrieden zu finden.

Falls du dich jetzt fragen solltest, warum es trotzdem interessant sein sollte, darin zu lesen, kann ich dir nur meine Meinung wiedergeben:

Wir sind alle auf der Suche nach uns selbst, und ein Stück dieser Weisheit finden wir in der Akasha-Chronik und öffnen damit neue Türen, neue spirituelle Pfade in uns.

Gerade diejenigen, die das Gefühl haben, spirituell auf der Stelle zu treten, können aus den Bänden der vergangenen Inkarnationen viele Antworten finden.

Meister Horus gilt als der große Bibliothekar, und er ist ein wunderbarer Hüter unserer wertvollsten Bände. Ihn gilt es einzuladen, wenn man in die Chroniken eintauchen möchte.

Viele behaupten, die Chronik wäre mit fremden Zeichen geschrieben. Das mag sein, aber meine universelle Seele ist dort sehr gut angebunden und kann dieses Wissen jederzeit abrufen. Vertraue auf die natürliche Intelligenz deiner Seele.

Du willst loslegen?

Dann auf zur Übung...

Lesen in der Akasha Chronik

Hier ist es sinnvoll, immer Papier und Stift parat zu haben. Meistens möchte man den Input sofort aufschreiben, damit man ja keinen der Eindrücke vergisst.

Wie du bereits weißt, folgt die Energie der Aufmerksamkeit. Je genauer du dein Anliegen an die Geistige Welt formulierst, desto konkreter werden deine Antworten sein.

Nachstehend zwei Formulierungsmöglichkeiten:

Wenn du für dich selbst lesen möchtest:

Lieber Meister Horus, liebe Engel und meine Seelen-mutter, ich bitte euch, mir Zugang zu meiner Akasha-Chro-nik zu gewähren, zum Wohl der höchsten Matrix und aller Beteiligten.

Wenn du für Dritte lesen möchtest:

Lieber Meister Horus, liebe Engel und meine Seelen-mutter, ich bitte euch, mir Zugang zu der Akasha-Chronik von XYZ zu gewähren, zum Wohl der höchsten Matrix und aller Beteiligten. Bitte begleitet meine Arbeit mit eurem Wohlwollen.

Nachdem du deine Absicht kundgetan hast, öffnest du dich ganz bewusst nach deiner Methode für die Geistige Welt. Sobald du das Gefühl hast, die höchste Öffnung er-reicht zu haben, stellst du dir vor deinem inneren Auge einen großen gläsernen Fahrstuhl vor. Du trittst ein und drückst auf die 7, damit der Fahrstuhl dich in die Siebte Di-mension bringen kann. Dort ist nicht nur die allumfassende Seelenebene, sondern auch die Bibliothek. Atme während der Fahrt ein und aus und öffne ganz bewusst dein Herz. Stell dir vor, wie sanftes rosafarbenes Licht aus diesem Be-reich fließt.

Wenn die Tür sich öffnet, befindest du dich in einem langen Gang. Am Ende siehst du eine Theke, an der verschiedene Engel sitzen. Du stellst dich und dein Anliegen nochmals vor und bittest die Engel, dich in die Bibliothek zu bringen, aus der du gerne lesen möchtest.

Stell dir jetzt vor, wie einer der Engel eine Tür öffnet. Dort stehen ein wunderschöner Sessel und ein Beistelltisch. Sobald du diese Ecke vor deinem inneren Auge siehst, schlage zweimal auf deinen Herzbereich, um diesen Moment zu verankern. Du nimmst auf dem Sessel Platz und siehst Meister Horus vor dir stehen. Nimm dir Zeit, um seine Erscheinung bewusst in dir aufzunehmen.

Meister Horus begrüßt dich und legt ein dickes Buch auf dem Beistelltisch ab. Bevor du es aufschlägst, legst du erst eine Hand auf dieses Buch und nimmst genau wahr, wie sich der Buchumschlag unter deiner Hand anfühlt. Das ist immer eine Brücke, um sich schnell zurechtzufinden. Du lässt die Hand darauf liegen und spürst hinein, wie sich das Buch emotional verhält. Was kannst du wahrnehmen?

Dann atme durch und schlage die erste Seite auf. Kontrolliere den Namen.

Jetzt kannst du im Buch weiterblättern und darauf vertrauen, dass vor deinem inneren Auge genau die richtigen Seiten angezeigt werden. Schreibe dir dabei alles Wichtige heraus.

Du kannst auch jetzt im Kopf eine Frage stellen und das Buch einfach als Orakel benutzen. Höre auf deine innere Führung.

Wenn du fertig bist, bedanke dich bei Meister Horus und den Engeln und fahre in Deinem Tempo mit dem Fahrstuhl wieder herunter.

Das war die lange Version. Wenn du diese des Öfteren trainiert hast, machst du nur noch Folgendes:

1. *Formuliere deine Absicht,*
2. *öffne dich für die Geistige Welt,*
3. *fahre mit dem Fahrstuhl in die Siebte Dimension,*
4. *begib dich ohne Umweg auf deinen in dir abgespeicherten Sessel,*
5. *bitte Meister Horus um das Buch,*
6. *lege eine Hand darauf, um ein Gefühl dafür zu entwickeln,*
7. *schlage es auf und lies entweder für dich oder für Dritte,*
8. *bedanke dich bei der Geistigen Welt.*

Zu deiner Beruhigung:

Jeder hat mit der Geburt beziehungsweise Entstehung das Recht, auf die Chroniken zuzugreifen. Es ist nicht wirklich kompliziert. Hier macht Übung den Meister.

Sei nicht traurig, wenn du am Anfang nichts wahrnehmen kannst. Es kann auch durchaus sein, dass die Seiten im Moment eine deiner Entscheidungen beeinflussen könnten, dann bleiben sie einfach weiß.

Seelenfamilie

Jeder Mensch hat eine Seelenfamilie, die ihn immer wieder auf verschiedene Art und Weise durch die Inkarnationen begleitet.

Hierzu gibt es etwas Spannendes zu sagen: Zeit kennt nur der Mensch, alle anderen sind frei von Zeit. Was heißt das? Alle Inkarnationen laufen parallel nebeneinander her. Unvorstellbar, oder? Die sogenannten Paralleluniversen sind für den menschlichen Verstand auch wirklich nicht zu begreifen. Somit greift alles ineinander. Das jetzige Leben ist also ein kleines Rädchen im großen Gefüge.

Klingt auch für mich völlig abgefahren, und ich vermeide es eigentlich, darüber nachzudenken. Jedes Mal, wenn Toularion, mein hoher geistiger Führer, mir das erklären möchte, steigt mein Spatzenhirn aus. So langsam glaube ich ja, er hat Spaß an meiner Verwirrung. Gott sei Dank verfügt Toularion über eine gehörige Portion Humor, und so haben wir neben allen ernsten Themen auch immer richtig Spaß zusammen.

Toularion erklärte mir das mit den Seelenfamilien so:

Irdische Strukturen wie Familie und Freundschaften findest du so ähnlich auch auf Seelenebene wieder. Nur ist sie viel umfangreicher als auf der Erde. Wenn eine Seele eine Inkarnation vorbereitet, legt sie mit einigen Seelen Begegnungen und Seelenverabredungen fest.

Die restlichen stärken und begleiten die Inkarnation als Seelenfamilie im Hintergrund aus der Geistigen Welt.

Die zusammengehörigen Seelenfamilien agieren alle auf dem gleichen Farbstrahl und haben von daher ein extrem enges Band geknüpft. Seelenverwandte unterstützen sich auf beglückende Weise.

Hier herrscht in den meisten Fällen große Harmonie. Mit Mitgliedern von anderen Seelenfamilien habt ihr auf der Erde mehr Reibungspunkte festgelegt, an denen ihr wachsen könnt. Doch eure wirklichen „Arschengel", die euch das Leben so richtig schwer machen, haben sich innerhalb der Seelenfamilie zur Verfügung gestellt. Sie geben ihre vermeintlich schwere Energie an euch ab, damit ihr wachsen könnt. Mitglieder deiner Seelenfamilie, die nicht inkarniert sind, begleiten dich aus der Geistigen Welt heraus auf deinem Weg.

Hierzu gibt es eine tolle Übung:

Der Familiensessel

Setze dich auf die vordere Kante eines Sessel oder Stuhls und bitte alle Mitglieder deiner Seelenfamilie, die nicht inkarniert sind, hinter dir Platz zu nehmen und dich mit ihrer Kraft und Stärke aufzutanken. Lass dich jetzt regelrecht in diese Energie hineinfallen.

Es ist ein wunderschönes bestärkendes Gefühl, und du spürst sofort, dass du nicht alleine bist. Die Kraft der Seelenfamilie ist eine riesige Geborgenheitstankstelle für dich als Mensch.

Vergiss bitte nicht, dich bei deiner Seelenfamilie zu bedanken.

Vielleicht möchtest du ihnen hin und wieder auch eine Kerze anzünden, das fördert eure Verbundenheit.

Seelenverträge

Auf Seelenebene schließen wir Verträge ab. Für viele ist Vertrag ein strenges Wortgefüge, doch Verträge mit der Geistigen Welt haben nur in weitester Form etwas mit den uns bekannten Verträgen zu tun.

Durch Seelenverträge gehen zwei Seelen Bindungen für eine Inkarnation ein. Ein nicht abgearbeiteter Seelenvertrag aus einer „früheren" (parallelen?) Inkarnation kann uns auch im aktuellen Leben große Probleme bereiten, da sich dort oft auch Glaubenssätze und Gelübde verankern können. Seelenverträge werden immer in tie-fer Liebe abgeschlossen, da sie uns in diesem Leben zu unseren Aufgaben führen sollen, auch wenn sie sich in diesem Leben manchmal alles andere als gut anfühlen. Seelenverträge dienen zum Wohl der Beteiligten, sie sollen etwas daraus lernen. Aber: Sobald man den Auftrag erkennt und ihn verstanden hat, darf er auch gelöst werden. Das vergessen wir oft.

Wenn zwei Seelenelemente einen Seelenvertrag beschließen, schließen sie tatsächlich ZWEI Seelenverträge ab. Ich möchte das an folgendem Beispiel erklären:

Seelenanteil A und Seelenanteil B schließen Seelenverträge ab.

Der von A lautet:

Ich werde B beruflich mobben (Täter).

Der von B lautet:

A wird mich beruflich mobben (Opfer).

Das ist jetzt natürlich ein extrem einfaches und kurzgefasstes Beispiel, aber ich will daran verdeutlichen, dass es zwischen zwei Seelen immer auch zwei verschiedene Verträge gibt, da ich bemerkt habe, dass dies oft außer Acht gelassen wird, wenn es darum geht, einen Vertrag zu löschen.

Spannend ist auch zu wissen, dass wir die Seelenverträge auch in unserer Aura ablegen. Tragen wir Seelenverträge aus anderen Inkarnationen mit uns herum, können diese uns mächtig blockieren. Viele Menschen, die finanziell nicht auf einen grünen Zweig kommen, sind noch an ein Armutsgelübde gebunden, eventuell aus einem Klostervorleben. Stopp! Das heißt jetzt nicht, dass wir für alles, was nicht rund läuft, einen Seelenvertrag verantwortlich machen können. Wichtig ist, wenn wir einen entdecken, den wir aus vollem Herzen annehmen können und wandeln möchten, zu wissen, wie wir ihn wandeln können.

Wichtig zu wissen ist auch:

Wenn du in diesem Leben auf einen Seelenvertrag stößt, darf er in Liebe geheilt und gewandelt werden, falls er dich belastet!

Mach dir aber bitte immer Folgendes klar:

Du kannst den Seelenvertrag nur lösen, den *du* abgeschlossen hast. Ist eine andere Person beteiligt, kannst du ihn für sie nicht lösen, es sei denn, sie ist einverstanden.

Trotzdem hat das Lösen eines Seelenvertrags auch eine positive Auswirkung, wenn er nur auf einer Seite gelöst wird. Wenn wir noch einmal zu unserem Beispiel von Seelenanteil A und B gehen, die einen „Mobbing-Vertrag" haben: Wenn B aussteigt und sagt: „Ich stehe als Opfer nicht mehr zur Verfügung" und eine energetische Löschung erfolgt, läuft A automatisch ins Leere.

Wir alle haben unseren Ursprung, unseren göttlichen Kern, mit unserer Geburt und dem ersten Atemzug vergessen. Unser Körper, unser Geist, aber auf keinen Fall unsere Seele. Befasst man sich näher damit, ist es, als ob Dornröschen aus dem hundertjährigen Schlaf geweckt wird, und man kommt sich selbst ein gutes Stück näher.

Seelenverträge sind das Salz in der Suppe unserer Inkarnation. Dass wir manchmal glauben, uns selbst die Suppe versalzen zu haben, liegt daran, dass wir weit weg davon sind, unsere Göttlichkeit anzunehmen.

Hier darfst du dich auf keinen Fall von materiellen Dingen leiten lassen. Das Sprichwort „Geld alleine macht nicht glücklich" hat schon seine Berechtigung.

Leitsatz

Das Leben auf der Erde dient unserem Wachstum in der Geistigen Welt. Wir dienen weder unseren Eltern, Geschwistern, Partnern, Freunden, Jobs, Kindern, dem Wohlstand, sondern nur uns allein!

Ist dir das wirklich bewusst? Bitte halte einen Moment inne, lies diesen Leitsatz dann mindestens 3-mal hintereinander laut vor und achte darauf, welche Reaktionen er in dir auslöst. Meistens wirst du dabei mit deinen Fesseln konfrontiert, und es kommen dir Dinge in den Sinn, die dir nicht wirklich guttun. Herzlichen Glückwunsch! Erkennen ist die erste Stufe der eigenen Heilung und zum Erwachen. Wenn du dir das in dein Bewusstsein rufst, wird vieles leichter.

Ich möchte an dieser Stelle auf die Bände der „Seelenverträge" von Leila Eleisa Ayach und Sarinah Aurelia hinweisen. Ich kenne keine Bücher, die es besser und intensiver erklären und ein wunderbarer Schlüssel in die Leichtigkeit sind. Das tiefe Wissen der beiden Autorinnen zu diesem Thema kann und will ich nicht toppen.

Da viele Leser mich gebeten haben, hin und wieder einen Buchtipp mit einfließen zu lassen, wenn mich ein Buch weitergebracht hat, möchte ich hier von Herzen gerne eine Empfehlung für diese Bücher aussprechen.

Jetzt möchte ich noch eine Geschichte aus meiner Praxis erzählen. Danke Sandra, dass ich hier deine Geschichte erzählen darf.

Sandra, eine junge Frau Mitte 30, saß völlig aufgelöst vor mir. Da ich keine Vorab-Informationen bei meinen Sitzungen möchte, wurde ich schnell stutzig. Ich bekam immer nur einen Satz aus der Geistigen Welt: Das Haus mit der Nummer 30 kann so nicht in den Verkauf gehen.

Na prima! Sandra war das erste Mal bei mir, und ich konnte ihr doch nicht zur Eröffnung diesen Satz um die Ohren hauen. Ich bat nochmals ihre hohe geistige Führung um Information und bekam zu meiner Verzweiflung genau den gleichen Satz wieder. Also sprach ich ihn aus und löste einen Weinkrampf bei Sandra aus. Unter Tränen erzählte sie mir, dass sie das Haus in der Schulstraße 30 von einer Tante geerbt hatte. Das Haus sei sehr baufällig, stehe aber unter Denkmalschutz, was mit hohen Auflagen verbunden sei. Sandra hatte das Geld nicht, um das Haus instandzusetzen, geschweige denn, die Hausnebenkosten zu tragen. Das Haus musste wirklich dringend verkauft werden. Sie suchte schon seit einem Jahr einen potenziellen Käufer, doch bisher vergebens.

Ich fragte Erzengel Michael, was zu tun sei. Und da bekam ich ein seltsames Bild. Ich sah Sandra als kleines Mädchen mit ihrer Tante im Garten spielen und hörte, wie sie zur Tante sagte: „Ich liebe dein Haus." Ich sah die Tante lächeln und hörte, wie sie erwiderte: „Das Haus wird eines Tages dir gehören. Es war schon immer in unserer Familie, und da ich keine Kinder habe, werde ich dafür sorgen, dass es durch dich in der Familie bleibt."

Ich gab es an Sandra so weiter, es war verrückt, sie konnte sich sogar an die Szene erinnern.

Erzengel Michael erklärte uns dann, dass Sandras verstorbene Tante mit dem Haus einen Seelenvertrag geschlossen hatte. Durch diesen Seelenvertrag wurde der Verkauf des Hauses behindert. Gemeinsam mit Sandra lösten wir den Seelenvertrag auf, und es war unglaublich. Nach vier Wochen erhielt ich von Sandra folgende Mail:

Liebe Silke,

das Haus ist verkauft, wir kommen gerade vom Notar. Ich tanze auf dem Tisch.

Wann feiern wir?

Deine Sandra

Jetzt magst du sagen: ZUFALL. Ich dagegen glaube, dass auch Häuser Seelenverträge sehr ernst nehmen…

Wie man Seelenverträge auflösen kann, beschreibe ich im nächsten Kapitel. Auch, wie man es an einem Gegenstand wie einem Haus lösen kann.

Auflösen von Seelenverträgen

Hierzu gibt es zahlreiche Methoden, und alle haben ihre Berechtigung. Ich beschreibe an dieser Stelle meine Art der Arbeit. Ob du das für dich alleine machst oder Hilfe bei einem medialen Menschen suchst, dem du vertraust, spielt keine Rolle. Ich kenne viele Menschen, die beispielsweise Theta Healing® betreiben und mit dieser Methode beim Löschen von Seelenverträgen unglaubliche Erfolge haben. Meine Freundin Birgit Becker übrigens auch. Jedes Mal begeistert mich ihre Geschwindigkeit bei dieser Arbeit. Die ultimative Methode gibt es nicht, sie richtet sich nach deinem Gefühl und deinem Vertrauen.

Du musst dafür nicht besonders medial sein oder gar hochbegabt. Du bist selbst ein göttliches Wesen, auch wenn du es eventuell nicht wirklich wahrnehmen kannst, und damit kannst du das auch.

Grundsätzlich gilt vor Beginn:

Zentriere dich über die Atmung, indem du bewusst ein- und ausatmest. Bitte alle Erzengel, alle zuständigen Schutzengel, die Aufgestiegenen Meister und dein Höheres Selbst, dich zu führen und zu begleiten.

Denke daran: Je klarer du formulierst, desto leichter kannst du an die Umsetzung gehen. Bitte jetzt alle geisti-

gen Wesen, dir bei der Auflösung des folgenden Seelenvertrags behilflich zu sein.

Benenne diesen Vertrag jetzt ganz genau.

Beispiel:

„Ich bitte die Anwesenden aus der Geistigen Welt, mir zu helfen, den Seelenvertrag zum Thema Mobbing zwischen A YX und B XY aus dem Energiefeld und auf Seelenebene zu löschen, zum höchsten Wohl aller Beteiligten.

Seelenverträge zwischen Lebewesen lösen

Ich bitte Erzengel Michael, alle Energiefäden zu lösen, die den Seelenvertrag an die Person/das Tier/die Pflanze bindet, und auch die damit verbundenen Versprechen, Zusagen und Glaubenssätze zu löschen.

Dabei stelle ich mir in Gedanken vor, wie Erzengel Michael mit einer goldenen Schere im Energiefeld meines Klienten zu Gange ist. Um das zu verstärken, lege ich eine Hand auf das Knie meines Klienten und lasse die Energie durch den Körper fließen. Ich bitte dann den Schöpfer um die Freigabe und das Lösen in höchster Liebe.

Im Anschluss daran stelle ich mir vor, wie durch den Körper meines Klienten von oben nach unten eine weiße Lilie fährt, die alles wieder harmonisiert und ausgleicht.

Jetzt ist es Zeit, sich bei der Geistigen Welt zu bedanken und in den Klienten über den Mittelfinger das Wort „Leichtigkeit" einströmen zu lassen.

Seelenverträge mit feststehenden Häusern lösen

Bei Häusern verhält es sich ein wenig anders. Es mag für viele Menschen seltsam klingen, dass man auch mit Häusern Seelenverträge abschließen kann. Hier ist ein wenig Ritualarbeit gefordert.

Ich lasse mir von dem Klienten die Adresse des betreffenden Hauses auf einen Zettel schreiben. Dann lege ich meine linke Hand auf den Zettel und bitte Erzengel Michael, alle Energiefäden zu lösen, die das Haus zu meinem Klienten oder zu Verstorbenen geknüpft hat, und die Seelenverträge zu lösen, die das Haus festhalten. Ich bitte Erzengel Michael, mit seiner goldenen Schere alle Energien dieses Seelenvertrags abzulösen.

Dann bitte ich den Schöpfer um die Freigabe und das Lösen in höchster Liebe. Im Anschluss daran stelle ich mir vor, wie die Blume des Lebens von unten nach oben durch das gesamte Haus fährt und alle Schwingungen wieder in Harmonie und Liebe bringt.

Dann hat der Klient noch eine Aufgabe: Einen kleinen Stein in die Hand zu nehmen und dem Haus über den Stein

*in Gedanken ein DANKESCHÖN auszusprechen. Den Stein
dann bitte innerhalb von drei Tagen in ein fließendes Gewässer werfen.*

Das Auflösen von Seelenverträgen ist wirklich sehr einfach und effektiv.

Eine weitere, simplere Methode:

*Du kannst den Seelenvertrag auch einfach aufschrei-
ben, die Engel rufen und zum Wohl aller Beteiligten um
Löschung bitten. Im Anschluss daran verbrennst du das Papier und streust die Asche in die freie Natur.*

Was kann ich tun, wenn ein Seelenvertrag mich beispielsweise daran hindert, in eine erfüllte Partnerschaft zu gehen und ich den genauen Vertrag nicht abrufen kann?

Kennst du das? Du spürst, da ist etwas, da muss ich
ansetzen, weißt aber nicht wo. Das deutet oft auf einen
Seelenvertrag aus einer vorigen Inkarnation hin.

Mache dir bitte bewusst, dass du von Natur aus
ein geistiges Wesen bist, das sich gerade in einem

menschlichen Körper befindet. Egal, wie du dich fühlst oder wie abgeschnitten von dieser Materie du dir gerade vorkommst: Du kannst auf Seelenebene kommunizieren, und zwar auch mit den anderen Inkarnationen aus deiner Mutterseele.

Wie das geht?

Du brauchst dafür einige Blätter von einem Baum deiner Wahl (diese dürfen ruhig getrocknet sein oder am Boden liegen), Papier und Stift und ein kleines Gefäß.

Nimm dir Papier und Stift und schreibe auf, welches Thema dich belastet, bei dem du kein Vorankommen auf deinem Lebensweg siehst.

Dann malst du um das Thema einen großen Kreis und bittest alle Erzengel und die Aufgestiegenen Meister, sich jetzt um dich herum zu positionieren.

Lege jetzt das Blatt auf deinen Herzbereich und bitte deine emotionale Intelligenz, dir die Bilder zu übermitteln, die dir die Verträge und Lebensweisen aus den Vorleben aufzeigen.

Denk daran, deine kosmische Intelligenz weiß Bescheid, nur dein innerer Verhinderer, dein rationales Gehirn, stellt sich zwischen euch. Erlaube dir bewusst, dass es zur Seite geht.

Jetzt signalisiere der Geistigen Welt, dass du bereit bist, diese Bilder zu empfangen und in der Energie der höchsten Liebe aufzulösen. Sobald du diese Situationen oder Bilder empfängst, siehst, fühlst, hörst oder einfach weißt, bittest du die Blätter, als Stellvertreter für diese Bilder zu stehen. Bitte jetzt Saint Germain mit seiner violetten Flamme der Transformation zu dir. Bedanke dich bei den Blättern, dass sie sich als Stellvertreter für diese alten Verträge und Gelübde hergeben und zerbrösele sie jetzt in deinem Gefäß.

Jetzt ist es an der Zeit, Saint Germain mit Hilfe der violetten Flamme um Transformation der Blattenergie zu bitten. Wenn du ein natürliches „Stopp" erhältst, ist der Vorgang abgeschlossen. Bedanke dich bei allen Beteiligten und suche dir einen Platz in der freien Natur, wo du die Blätter wieder der Natur zurückgibst.

Ich habe das Gefühl, nicht in diese Familie zu gehören

Aus meiner langjährigen Praxis heraus weiß ich sehr wohl, dass sich viele Menschen ihrer Familie nicht zugehörig fühlen und sich fast ihr ganzes Leben als Fremdkörper im Familiengefüge wahrnehmen. Das baut oft einen enormen Leidensdruck auf, und diese Menschen tragen oft eine große Traurigkeit mit sich herum, die sie nicht wirklich benennen können.

Woran liegt das, wenn die Menschen, die mich so nah umgeben, doch aus meiner Seelenfamilie stammen? Habe ich da eine Seelenabsprache getroffen, ist das etwas Karmisches? Ich höre diese Fragen so oft und habe sie an die Geistige Welt abgegeben.

Sofort meldete sich Meister Hilarion zu Wort, was mich eigentlich nicht wirklich verwunderte. Ist Hilarion doch zuständig für die Selbstfindung, also unseren eigenen Raum zu finden, und er unterstützt beim Erfüllen der Lebensaufgabe.

Kinder des Lichts,

irdische Familien sind ein festes Gefüge auf der Erde, die Seelenfamilie umspannt ganz andere Ebenen, Quantenfelder und Energiezentren und sind nur entfernt vergleichbar mit dem, was ihr Familie nennt.

Seelenfamilien legen gemeinsam ihre Lernstufen fest, bis sie nicht mehr inkarnieren möchten, sondern von ihrem Platz in ihrem Seelenfeld aus die Inkarnation eines Familienmitglieds als geistiger Entwicklungshelfer begleiten.

Um das optimal ausfüllen zu können, ist eine Inkarnation in einer fremden Seelenfamilie nötig. So erhält die Seele die nötige Reife, um ihr zu begleitendes Menschenkind auch in schwierigen Situationen optimal zu betreuen und alle Höhen und Tiefen zu verstehen.

Liebe Menschenkinder, die ihr euch fremd in euren Familien fühlt, macht euch bewusst, dass es eure Aufgabe ist, einen Platz in der anderen Seelenfamilie zu finden, um mit eurer Liebe zu heilen, was euch fremd erscheint, und aus dem Gefühl, kein Nest zu haben, aufzusteigen zum Adler, der alles aus der Herzensperspektive sieht.

Erkennst du deine Lebensaufgabe, deinen Sinn in diesem Leben?

Bringe dich ein, öffne dein Herz und erkenne, dass ihr trotzdem in der Ewigkeit eins seid.

Meister Hilarion

Puh, für einen betroffenen Menschen nicht unbedingt leicht zu verstehen. Aber vielleicht macht die nachfolgende Übung es etwas leichter:

Ankommen in meiner fremden Seelenfamilie

1. *Atme bewusst ein und aus.*
2. *Öffne dich für die Geistige Welt.*
3. *Bringe dich in die Siebte Dimension (über die Knie, indem du einfach deine Hände auf die Knie legst).*
4. *Stell dir jetzt vor deinem geistigen Auge eine lange, schön gedeckte Tafel vor.*
5. *Auf dem Tisch steht eine wunderschöne Schale mit Hibiskusblüten.*
6. *Lade jetzt alle Familienmitglieder, mit denen du haderst, an diese Tafel ein.*
7. *Empfange sie einzeln an der Tür und bedanke dich bei jedem für sein Kommen.*
8. *Dann geleite sie alle an deine Tafel und bitte sie, Platz zu nehmen.*
9. *Du selbst stehst am Kopf des Tisches und kannst deine Tafel gut überblicken.*
10. *Bedanke dich bei dieser Seelenfamilie, dass sie dich in dieser Inkarnation in ihre Familie aufgenommen hat.*
11. *Spüre die tiefe Liebe, die diese Seelen für dich in Wahrheit haben, aber aufgrund ihrer Seelenabsprache in dieser Inkarnation nicht zeigen dürfen.*
12. *Lass zu, dass sie jetzt alle gemeinsam auf Seelenebene den rosafarbenen Strahl der Liebe aktivieren, dich damit fluten und nochmals willkommen heißen.*
13. *Spüre, wie dadurch deine Atmung freier wird.*

14. *Du gehst zu dem ersten Menschen am Tisch und bedankst dich, dass er sich zur Verfügung gestellt hat, dir Schmerz zuzufügen. Sprich folgende Worte: „Ich sehe meinen Anteil. Ich lasse meinen bei mir und gebe dir deinen zurück. Als Zeichen unserer Verbundenheit und meiner Vergebung überreiche ich dir eine Hibiskusblüte."*
15. *Wiederhole diesen Schritt mit jedem der Menschen am Tisch.*
16. *Angestaute Tränen, angestauter Schmerz dürfen jetzt abfließen.*
17. *Erlaube bewusst, dass hier Heilung geschieht.*
18. *Setze dich jetzt bewusst an die Tafel, nimm Platz zwischen dieser Familie und spüre, dass ihr euch auf Seelenebene nah seid.*
19. *Bitte Erzengel Metatron, gemeinsam mit Meister Hilarion ein Band der Liebe und Harmonie um euch zu knüpfen. Verabschiede dich von den Menschen am Tisch und komm in deinem Tempo ins Hier und Jetzt zurück.*

Ich hoffe, dass diese Zeilen für viele Menschen hilfreich waren, und ich möchte euch ermuntern, diese Übung einige Male zu wiederholen, um die einzelnen Familienmitglieder und ihr Verhalten in einem anderen Licht zu sehen. Richtet eure Aufmerksamkeit bitte nicht mehr auf die mangelnde Zugehörigkeit, sondern gebt alles in das Gefühl der Dankbarkeit...

Hallo, wenn ich Meister Hilarion richtig verstanden habe, hast du im nächsten Leben einen Job als spiritueller Lehrer...

Freundschaften

Das kennen viele von uns: Man geht gemeinsam durch dick und dünn, vertraut sich alles an, und von heute auf morgen ist alles anders. Das ist schwer nachzuvollziehen, hinterlässt seelische Narben und viele Fragen. Nicht immer geht ein Streit voraus, manchmal ändern sich die Lebensumstände, die Partner, andere Freunde sind auf einmal wichtiger, oder es verläuft alles im Sand und man kann es nicht aufhalten.

Es ist eine Achterbahn, den besten Freund/die beste Freundin zu verlieren und lässt ein Gefühl zurück, aussortiert worden zu sein wie ein paar ausgediente Schuhe.

Warum ist das so? Ja, wir alle wissen, neue Menschen kommen in unser Leben und nehmen diesen Platz wieder ein.

Ein weiteres großes Thema aus der Praxis ist auch, dass manche Menschen einfach keine Freundschaften aufbauen können und sich doch so sehr danach sehnen.

Alles in allem Grund genug, dieses Thema hier zu durchleuchten.

Ist es wirklich so, dass die Seelenabsprache erfüllt ist, wenn eine Freundschaft zerbricht?

Freundschaft ist ein hohes Gut. Ich schätze meine Freundschaften sehr, und obwohl ich sie zeitlich nicht immer so pflegen kann, wie ich es gerne würde, sind wir uns doch nah.

Auch in meinem Leben sind viele Freundschaften zerbrochen und haben mich zum Nachdenken gebracht. Manche Narben kann ich heute noch im Herzbereich bei mir wahrnehmen.

Von daher bin auch ich auf der Suche nach Antworten.

Kwan Yin, die Göttin des Mitgefühls, zeigte sich sofort, als ich mich öffnete, um zu diesem Thema eine Antwort zu erhalten. Sie umarmte mich, spülte sanft meinen Herzbereich aus und ließ gar nicht zu, dass ich mich emotional mit dem Verlust der Freundschaften auseinandersetzte. Mit sanfter Stimme und einem blühenden Kirschzweig in der Hand teilte sie mir Folgendes mit:

Liebes Menschenkind,

die Blüte am Baum fällt zu Boden, damit die Frucht daraus gedeihen kann.

Das Prinzip von Mutter Natur ist Sterben, um zu wachsen; Wandlung, um zu gedeihen.

Beziehungen sind Früchte, die tragen, die den Baum Kraft kosten, aber auch Schönheit bringen, bis sie sich vom Baum lösen.

Der Baum bringt jedes Frühjahr neue Triebe, vertraut den Gesetzen der Natur.

Enge Bindungen, liebe Menschenkinder, lösen sich manchmal, damit neue Triebe wachsen können, die für die Entwicklung wichtig sind.

Trauere nicht, sondern freue dich auf das Neue!

Sei dankbar, dass Platz gemacht wurde, damit deine Entwicklung weitergehen darf.

Ihr habt euren Anteil mehr als erfüllt, sieh in Liebe hin, sieh in Dankbarkeit hin und verabschiede das Alte mit dem Blick der Liebe. Es ist der Lauf der Zeit.

Grolle nicht, trauere nicht und werte nicht.

Breite deine Flügel aus und schau, welche Frucht das Leben jetzt für dich bereithält.

Kwan Yin

Ein himmlisches Gefühl von Ruhe und Frieden breitete sich in mir aus. Kwan Yin hat mir an diesem Tag noch vieles übermittelt.

Das brachte mich dazu, eine Collage zu machen. Ich habe diese Freundinnen darauf verewigt und zu jeder einen Satz geschrieben, warum ich ihr dankbar bin. Das war nochmals unglaublich erfüllend und heilend.

Ich kann euch das nur ans Herz legen.

Für all die Menschen, die glauben, keine Freundschaften schließen zu können: Schaut euch bitte mal euren Seelenvertrag an und löst ihn gegebenenfalls auf. Ich bin sicher, ihr werdet fündig...

Was macht die Seele eigentlich bei einer OP?

Eigentlich ist schon die Überschrift nicht wirklich korrekt formuliert. Die Frage muss eigentlich heißen: Was macht die Seele bei einer Vollnarkose? Da die Seele nicht wirklich einen festen Platz hat, ist eine Narkose in der Regel kein Problem für die Menschen. Es ist wie im Tiefschlaf. Die Seele verlässt den Körper im Tiefschlaf, um sogenannte Astralreisen, außerkörperlichen Erfahrungen, zu machen. Durch eine Narkose geschieht genau das Gleiche. Die Seele entfernt sich ein Stück vom weltlichen Körper und seiner Aura. Einige Patienten können in der Aufwachphase sagen, was während der Narkose passiert ist, da sie eine Vogelperspektive von der Zimmerdecke in den Raum hatten.

Ich habe einige Freundinnen, die als OP-Schwester arbeiten oder gearbeitet haben. Alle haben bestätigt, dass viele Menschen das in der direkten Aufwachphase berichten. Spannend, oder?

Wir reden hier also nicht von Einzelfällen, sondern es kommt häufiger vor, als wir vermuten.

Leider gibt es hierzu keine Studie, oder ich habe sie tatsächlich nicht gefunden.

Geliebte Menschenkinder,

Kinder des Lichts und der Sonne,

ich wende mich an euch, um euch diese Frage aus unserer Sicht zu beantworten. Narkosen versetzen den Körper in einen viel tieferen Schlaf, als es der menschliche Körper zulassen kann. Das möchten und können wir nicht bewerten, denn Wertung in eurem Sinn ist uns fremd. Das Narkosemittel löst ohne Zwischenstufe den schnellen Tiefschlaf aus und ist für empfindsame, hochsensible Seelen eine extreme Belastung, da die schwebende, sanfte Lichtbahre sich vor Ablösen aus dem Energiefeld nicht aufbauen kann. Es mag anders sein, aber auf keinen Fall schädlich. Die Belastung gleicht die Seele gleich durch spiralförmige Schwingbewegungen aus und neutralisiert auch die Aura.

Die Seele ist in diesem Moment in ihrer vollen Kraft und Blüte und frei wie ein Blatt im Wind, um auf ihre Reise zu gehen. Erlaube es ihr aus vollem Herzen und empfange das Gefühl von Freiheit, wenn sie sich wieder mit dir verbindet.

Fürchte dich nicht, sie wird immer die Anbindung zu deinem Körper finden, da sie eine verbindliche Vereinbarung mit dir abgeschlossen hat, die euch beide nährt und trägt.

Nimm den Frieden und die Freiheit in deinem Herzbereich mit und segne alles, was dir widerfährt.

Wir segnen dich mit unserer Liebe.

Lady Nada und König Salomon

Das war für mich mal wieder eine Aussage, die ich mehrmals nachlesen musste. Übrigens kann man über den Mittelfinger ähnlich wie bei den vorangegangenen Übungen wunderbar Narkosemittel aus dem Energiefeld ausleiten. Das ist immer sinnvoll, und dein Körper wird es dir danken.

Kommunizieren mit Koma-Patienten

Vor ca. zwei Jahren kam eine Frau aus Berlin über gute Freunde zu mir, die bereits am Telefon sehr aufgelöst war und dringend um einen Termin bat. Sie wollte mir schon am Telefon ihre Geschichte erzählen, doch da ich immer ohne Vorabinformation in eine Sitzung gehen möchte, lehnte ich das ab. Als sie zum vereinbarten Termin kam und ich mich einfühlte, nahm ich umgehend eine Seele bei ihr wahr, konnte aber keinen Verstorbenen ausmachen. So etwas hatte ich in dieser Art und Weise noch nie erlebt. Ich kann vieles aus der Aura eines Menschen lesen, aber dass sich über die Aura eine Seele zeigte, hatte ich bis dahin noch nie erlebt. Mir war sofort klar, dass es kein Verstorbener war, der sich hier zeigte. Verstorbene nehme ich immer mit Körper wahr.

Bevor ich weiter zum Thema schreibe, möchte ich an dieser Stelle etwas erklären:

Keine Angst: Wenn du mir außerhalb einer Sitzung oder eines Seminars begegnest, bin ich nicht offen für die Geis-tige Welt. Will heißen, ich kontrolliere weder deine Aura, noch beginne ich, in dir zu lesen. Mir ist schon oft aufgefallen, dass Menschen, sobald sie hören, was ich beruflich mache, mich entweder wie eine Exotin behandeln, mir mit Angst begegnen (ich könnte ja bei ihnen energetisch spionieren) oder mich für völlig irre halten. Ich kann ja mit allem leben, trotzdem möchte ich hier klar festhalten: Wenn ich nicht bei der Arbeit bin, interessiere ich mich nicht für eure Privatsphäre!

Wie konnte ich nun die Seele in der Aura meiner Kundin wahrnehmen, und weshalb war ich mir sicher, dass es nicht ihre Seele war? Ihre Seele konnte ich sofort rechts über ihrer Schulter wahrnehmen. Sie war wunderschön perlmuttfarben mit Magenta-Einschlägen und durch eine Silberschnur mit ihr verbunden. Sie wirkte wolkenförmig und bewegte sich sanft hin und her. Rechts über ihrem Kopf tauchte eine andere, neblig wirkende, fast nicht wahrnehmbare Seele in verschiedenen Grüntönen auf. Beinahe hätte ich sie übersehen, doch in mir kam sofort ein Impuls hoch: Dahin musst du schauen. So etwas kannte ich ja bis dahin nicht. Also konzentrierte ich mich auf diesen Punkt in der Aura, und sofort war Erzengel Gabriel zur Stelle und bat mich, Folgendes weiterzugeben: „Hannes ist da!" Noch ehe ich sie stoppen konnte, brach die Frau in Tränen aus und rief: „Das ist mein Bruder, der im Koma liegt, genau deshalb bin ich hier!" Das war eine völlig neue Situation für mich. Mit den Seelen von meinen Klienten sprach ich oft, aber so etwas hatte ich noch nie erlebt. Wo konnte ich ansetzen? Ich bin dankbar, dass ich in Sitzungen so fest angebunden bin und mich einfach führen lasse, sonst wäre ich in diesem Moment hilflos gewesen.

So bat ich die Seele von Johannes, näherzukommen und um Beweise, dass er wirklich mit mir kommunizierte. Die Beweise waren schnell nicht mehr nötig, denn sein erster Satz war: „Schwesterherz, sei nicht traurig, dass du mich ins Heim geben musstest. Ich werde dort gut behandelt. Was hättest du tun sollen, nachdem das Krankenhaus mich nicht mehr länger behalten konnte? Hab kein schlechtes Gewissen, ich liebe dich. Und sei auch nicht sauer auf Stefanie, sie hat ein Anrecht auf Leben!"

Meine Klientin begann bitterlich zu weinen, waren das doch genau die Punkte, die ihr zu schaffen machten. Ihr Bruder lag inzwischen seit zwei Jahren nach einem Unfall im Koma, inzwischen im Pflegeheim, und Stefanie war die langjährige Partnerin gewesen, die inzwischen wieder in einer neuen Partnerschaft lebte. Ich möchte jetzt nicht mehr von diesem Fall erzählen, es war eine sehr private und schöne Sitzung. Das Einzige, was wir nicht lösen konnten, war die Frage, ob er nochmal aus dem Koma zurück ins Leben kommen wollte. Hierzu kam weder aus der Geistigen Welt noch von ihm eine Antwort. Das war sehr bewegend und emotional, und diese Sitzung ist mir noch lange im Gedächtnis geblieben.

Ich hatte das Gefühl, dass meine Klientin nach dieser fast zweistündigen Sitzung leicht, ja, fast beschwingt nach Hause fuhr. So war ich sehr traurig, dass ich zwei Wochen später über meine Freunde erfuhr, dass die Klientin von der Sitzung nicht begeistert gewesen sei. Ich hätte vieles von ihrem Bruder weitergegeben, was sie nicht habe hören wollen.

Das musste ich auch erst verdauen, aber dazu kann ich nur sagen: Ich gebe das weiter, was die Seele mir sagt, da werde ich nicht einfach etwas weglassen. Aber das ist ein anderes Thema, und vielleicht reagiert auch mein eigenes sensibles Seelchen hier ein wenig verletzt.

Ich möchte euch hier die Übung, wie man mit Seelen sprechen kann, gerne noch einmal vorstellen, auch wenn ich sie bereits in einem anderen Buch erwähnt habe. Aber ich finde sie sehr wichtig.

Achtung: Bitte diese Übung nicht bei Verstorbenen anwenden, da hat sie sich als nicht geeignet herausgestellt! Du kannst mit dieser Übung mit Menschen im Koma oder Menschen, die leben und die du befragen möchtest, auf Seelenebene sprechen.

Übung zur Seelenkommunikation

1. *Öffne dich für die Geistige Welt.*
2. *Bitte die Geistige Welt, eine Seelenkommunikation mit YX zu ermöglichen und lade den Menschen im Geist zu diesem Gespräch ein.*
3. *Lade Erzengel Michael, deinen Schutzengel und den Schutzengel der Seele, mit der du kommunizieren möchtest, in dein Energiefeld ein.*
4. *Stell dir jetzt vor deinem inneren Auge eine wunderschöne weiße Marmortreppe vor, die nach oben führt.*
5. *Am Ende der Treppe nimmst du ein wunderschönes grünes Tor wahr.*
6. *Frage jetzt die Seele, ob sie bereit ist, mit dir zu kommunizieren. Falls ja, soll sie die grüne Tür öffnen.*
7. *Schau die Treppe hoch, öffnet sich die Tür? Falls nein, musst du das akzeptieren und dich wieder ausklinken. Du kannst es gerne an einem anderen Tag erneut probieren. Der freie Wille der anderen Seele muss von dir akzeptiert werden, auch wenn es manchmal wirklich schwer fällt (kenne ich aus eigener Erfahrung).*
8. *Wenn die Tür sich öffnet, geh die Treppe hoch und durch das Tor.*
9. *Du bist jetzt in deinem wunderschönen inneren Seelengarten. Nimm dir einen Moment Zeit und schau dich um.*

10. Links in der Ecke entdeckst du eine wunderschöne Feuerstelle, und du gehst darauf zu.
11. Du kannst hinter den Flammen die Person sehen, die du gerufen hast.
12. Begrüße jetzt die Seele und nimm auf der anderen Seite des Feuers Platz, sodass sich die Flammen zwischen euch befinden.
13. Begrüße die Seele freundlich und bedanke dich, dass sie gekommen ist.
14. Gib der Seele jetzt Zeit, dass sie dir alles sagen kann, was sie auf dem Herzen hat. Solltest du mit diesem Menschenkind Ärger haben und ihn so energetisch ausräumen wollen, nimm deine eigene Wertung heraus. Lass dieser Seele Zeit und Raum, ihre Sichtweise darzustellen.
15. Jetzt darfst du sprechen, dir alles von der Seele reden.
16. Hast du Fragen? Stelle sie jetzt.
17. Bitte jetzt die Engel der Transformation hinzu und werft allen seelischen Ballast, der zwischen euch steht, in die Flammen.
18. Bedanke dich bei der Seele für das Gespräch und spüre in dich hinein. Möchtest du dich so von der Seele verabschieden oder wollt ihr euch umarmen? Verabschiede dich genauso, wie der Impuls dich leitet.
19. Gehe zurück zur Tür und die Treppe wieder herunter.
20. Bedanke dich bei allen Beteiligten und komme zurück ins Hier und Jetzt.

Dualseelen

Wenn man sich mit der Seele befasst, kommt man an diesem Thema einfach nicht vorbei. Früher war schon allein dieses Wort für mich extrem nervig. Alles war auf der Suche nach seiner Dualseele oder Zwillingsflamme, obwohl es gar nicht sicher in unserem Seelenplan steht, dass wir diese Begegnung in dieser Inkarnation auch festgelegt haben.

Bis heute fällt es mir schwer, dass Menschen potenzielle Partner links liegen lassen, weil sie sich für ihre Dualseele aufsparen wollen. Ich denke, das muss jeder für sich selbst entscheiden, aber als Außenstehender fragt man sich schon, warum die Menschen sich selbst so prüfen.

Es ist ein in der spirituellen Szene sehr beliebtes Wort. Ich wundere mich ja oft, dass noch keiner auf die Idee gekommen ist, Bettwäsche oder Socken mit Dualseelenaufdruck zu fabrizieren. Ansonsten findest du, glaube ich, dazu so ziemlich alles auf dem Markt. Das klingt jetzt giftig und herablassend. Bevor du mich jedoch verurteilst, bitte erst weiterlesen.

Was bedeutet Dualseele eigentlich?

Dualseelen sind Seelenpartnerschaften, die aus der gleichen Seelenfamilie stammen, aber irgendwann regelrecht miteinander verschmolzen sind. Wenn wir uns das

Yin- und Yang-Prinzip vor Augen halten, weist dies eine starke Ähnlichkeit auf. Dualseelen müssen nicht immer Mann und Frau sein, hier liegt schon ein großer Irrtum vor, und sie haben sich auch nicht unbedingt eine Partnerschaft in die Inkarnation geschrieben. Fakt ist, dass beide Seelen eine unglaubliche Anziehungskraft haben, da sie sich gegenseitig die Dualität spiegeln und sich oft genau aufzeigen, was dem anderen im Leben fehlt. Es gibt recht gute Literatur dazu, ich selbst möchte dieses Thema nur am Rande erwähnen, da es einfach zu einem Buch über Seelen gehört und auch wichtig ist.

Ich war wirklich diesem Thema gegenüber sehr verhalten, Dualseelen war für mich einfach kein Thema. Bis zu dem Tag, als ich selbst eine Begegnung der dritten Art hatte. Es war nicht so, als ob die Welt still stehen und der Himmel voller Geigen hängen würde, oder doch?

Fakt war, es hatte in uns beiden etwas ausgelöst. Wir zogen uns an und stießen uns gleichzeitig ab. Heute, vier Jahre später, sehe ich alles ein wenig mit anderen Augen. Diese vier Jahre waren die Hölle für mich, es war eine Talfahrt hoch und runter. Eine emotionale Achterbahn, die ich keinem wünsche. Vergessen kann man so eine Begegnung, solche Emotionen nie. Aber man kann lernen, auszusteigen und das Leben ohne die Dualseele weiterzuleben.

Dualseelen zeigen uns oft durch ihr Erscheinen einen Mangel in unserem Leben auf und sind wunderbare Hinweisgeber. Doch durch den Schmerz, durch den sie uns zwangsläufig führen, sind sie schwer zu akzeptieren und noch schwerer loszulassen.

Oder bilden wir uns das alles nur ein, nehmen wir den Begriff als Ausrede, um einen Menschen nicht wirklich loslassen zu müssen? Um unsere Liebe mit Füßen treten zu lassen?

Was mir oft auffällt ist, dass vermeintlich starke Menschen, die ihr Leben eigentlich immer aus dem Verstand heraus geregelt haben, durch die Begegnung mit der Dualseele das erste Mal wirklich mit Emotionen in Berührung kommen. Und zwar in einer Tiefe, die fast schon dauerhaft wehtut.

Für viele ist das ein Auslöser, um tiefer in den Bereich Esoterik einzutauchen. Tja, damit haben viele Dualseelen schon einen Meilenstein im Leben des anderen ins Rollen und mit einem Wimpernschlag der Zeit ganze Schutzfunktionen der Emotionen zum Einstürzen gebracht. Eigentlich wunderbar, doch das kann man vor lauter Schmerz und Verlustgefühlen lange nicht wahrnehmen.

Viele fühlen sich das erste Mal vollständig, wenn sie ihrer Dualseele begegnen, und möchten dieses Gefühl verständlicherweise nicht wieder missen.

Ich glaube ich habe diese Begegnung und diesen Schmerz gebraucht, um meine Klienten besser zu verstehen. Wenn sie mich jetzt mit diesem Thema aufsuchen, kann ich ganz anders agieren und vieles verstehen, was mir vorher verschlossen geblieben war.

Ganz besonders in Erinnerung an diese zahlreichen Sitzungen ist mir die Aussage einer lieben Kundin im Gedächtnis geblieben: „Dualseele? Bitte zeig mir den Ausstieg. Es ist für mich, als würde ich meinem Spiegelbild einen Zungenkuss geben, und diese Enge raubt mir den letzten Nerv..."

Ich musste lachen, es war aber nicht schlecht auf den Punkt gebracht. So ist es leider immer in einer Dualseelen-Beziehung. Einer ist sehr für Nähe, und der andere rennt vor diesem Paket davon. Dualseelen haben sich keine leichten Aufgaben gesetzt und sind ein harter Meilenstein auf dem Weg. Allerdings dürfen wir dabei so viel lernen, dass sie auch ein Geschenk sind. Auch mir ist nicht wirklich klar, sind sie jetzt ein Segen oder ein Fluch? Solltest du mittendrin stecken: Genieße jede der schönen Minuten... Leidest du? Dann hier ein kleiner Tipp:

Setze dich an einen Ort, an dem dich keiner stören kann, und atme bewusst ein und aus. Achte einfach auf die Atmung und stelle dir jetzt folgende Fragen: „Wo war ich gestern Abend?" „Wo war ich vorgestern Abend?" Achte bitte genau darauf, wie dein Gehirn diese Fragen verarbeitet. Bevor der Denkprozess losgeht, entsteht für einen Moment eine Leere im Kopf. Du wirst sie nur bemerken, wenn du explizit darauf achtest. Schaffe diese Leere jetzt bewusst mit der Frage: „Was habe ich gestern Mittag gegessen, was habe ich dazu getrunken?" Wenn du jetzt diese Leere vor dem Einsetzen des Denkens wieder spürst, verankere sie durch zweimaliges leichtes Schlagen auf deinen Herzbereich. Atme wieder ganz bewusst ein und aus und klopfe jetzt auf deinen Herzbereich, um die Leere in deinen Kopf zu holen.

Keine Angst, mit ein wenig Training gelingt es bald mühelos. Sobald du die Leere spürst, bittest du Erzengel Chamuel und Mutter Maria in dein Energiefeld. Bitte sie jetzt, deine traurigen, emotionalen Narben aus dem Herzbereich zu lösen und in der göttlichen Quelle alles zu reinigen, was der Heilung deines Herzbereichs dienlich ist. Bitte sie, die Wunde mit der göttlichen Liebe zu verschließen.

Schreibe dir im Anschluss mit den Fingern die 144 auf die Stirn und die 17 in den Nacken.

Bedanke dich bei Erzengel Chamuel und Mutter Maria.

Leider weiß ich aus eigener Erfahrung, dass das Loslassen der Dualseele eine richtige Herausforderung ist. Mir hat noch folgende Übung viel gegeben:

Ich habe den Namen mit einem Stift auf einen Kieselstein geschrieben, den Stein vor meinen Mund gehalten und 3-mal Folgendes bewusst hineingepustet: *„Ich lasse dich in Frieden gehen. Ich nehme meine Anteile zurück und gebe dir deine voller Liebe wieder.“* Dann bin ich an ein fließendes Gewässer gegangen, habe mich bewusst verabschiedet, den Stein dem fließenden Wasser übergeben und das Wasser um das Neutralisieren der Energie gebeten.

Dieses Ritual war sehr heilsam für mich und auch sehr befreiend. Zur Not kannst du es gerne öfter durchführen...

Der innere Seelengarten

Über den inneren Seelengarten haben schon viele gesprochen, er findet in vielen Meditationen seinen Platz und seine Erwähnung. Ich finde, es ist eine gute Übung, um bei sich selbst aufzuräumen, und möchte sie von daher an dieser Stelle erklären.

Übung

Setze dich bequem hin und öffne dich auf deine Art und Weise für die Geistige Welt. Schließe bewusst deine Augen. Formuliere jetzt im Kopf die klare Absicht, mit deinem inneren Seelengarten zu kommunizieren. Zähle für dich selbst langsam bis Sieben. Bist du bei der Zahl Sieben, befindest du dich in deinem inneren Seelengarten. Wie sieht er aus? Ist er klar strukturiert oder verwildert? Liegen Steine auf dem Weg? Blüht er, oder braucht er Pflege? Nimm das Bild deines Seelengartens so auf, als wolltest du ihn abfotografieren. Wohnt vielleicht dein Krafttier in diesem Garten?

Wenn du alles erfasst hast, darfst du in diesem Garten Ordnung machen oder dir einen bestimmten Ruheplatz anlegen, einen Teich hinzufügen – dir sind keine Grenzen gesetzt. Mache dir klar, dass dieser Garten stellvertretend für das Wohlbefinden deiner Seele steht.

Eintauchen in die eigene Seelenlandschaft

Jeder Mensch hat seine Kraftorte, Plätze, die ihn zwangsläufig mit neuer Energie füllen. So hat auch jede Seele einen Rückzugsort, zu dem sie jederzeit reisen kann, um sich neu auszurichten.

So einen Platz kannst du dir auch jederzeit energetisch schaffen.

Übung:

Was magst du besonders gerne? Die Berge, das Meer, einen bestimmten Wald, einen bestimmten Platz in der Natur?

Was kommt dir als Erstes in den Sinn? Konzentriere dich darauf und schließe dann die Augen. Lass diesen Platz jetzt in den schönsten Farben vor deinem inneren Auge entstehen.

Sobald du das Bild hast, führe an beiden Händen Daumen und Zeigefinger zusammen und setze dir damit einen Anker. Tue dies in dem tiefen Bewusstsein, dass du dir über diese Fingerbewegung dieses Bild jederzeit abrufen kannst. Öffne die Hände wieder und lege sie entspannt in deinen Schoß.

Nimm jetzt die Emotionen dieses Platzes ganz genau wahr. Wie fühlt er sich an? Heilend, tragend, beruhigend, energetisierend? Nimm dir Zeit, um mit wirklich allen Emotionen und ihrer Wirkung auf dich vertraut zu werden. Welchen Geruch nimmst du in der Luft wahr? Riecht es nach Moos, nach Feld, nach Meer? Dann berühre in Gedanken den Boden, auf dem du stehst? Was nimmst du wahr? Wie fühlt er sich an? Jetzt konzentriere dich auf dein Gehör. Was kannst du hören? Den Wind, wie er durch die Bäume streicht, oder eine leise Hintergrundmusik? Versuche, deinen Platz mit all deinen Sinnen wahrzunehmen.

Bleibe jetzt einen Moment in dieser Energie. Dann schau dich um. In welche Ecke möchtest du dich setzen? Stell dir jetzt einen Sessel, einen Stuhl, eine Bank, eine Hängematte vor, lege ein Tuch auf diesen Platz und setze dich.

Jetzt lade im Kopf deine Seelenenergie ein, sich mit dir zu verbinden. Lass dich von ihr fluten, mit all ihrer Kraft, Weisheit und göttlichen Liebe. Stell dir vor, wie du alle deine Herzkammern bewusst öffnest, um diese Energie aufzunehmen.

Wenn du eins bist, öffne die Augen und nimm diesen Energieschub mit in den Alltag.

Je öfter du diese Übung machst, desto leichter fällt sie dir. Sie bringt dich deiner Seelenenergie näher und sorgt für Entschleunigung. Gleichzeitig ist sie eine Kraftquelle, was sie unbezahlbar macht. Nimm dir diesen Moment für dich, er ist wunderschön.

Die Seele in Worte fassen

Meine liebe Freundin Bettina Street-Schäfer beschrieb ihre Seele so:

Die Seele ist meine Heimat.

Die Seele ist mein Fels in der Brandung.

Sie ist wie ein Ballon –

voll mit Leben und allem, was mich ausmacht.

Die Silberschnur verbindet den Ballon und mich,

schweißt uns für die Ewigkeit zusammen.

Schon wenn ich das Wort Seele benutze,

weiß ich, ich bin nie allein.

Ihre Aussage hat mich sehr bewegt, ich spüre die tiefe Wahrheit und Weisheit dahinter. Das Bild, das sie von ihrer Seele in Worte zeichnet, könnte passender nicht sein. Leider verlieren wir mit unserer Geburt das tiefe Wissen, dass wir auf der Erde nur geliehene Zeit haben. Unsere eigentliche Heimat ist die unendliche Weite der Seele.

Jeder hat einen anderen Bezug, ein anderes Gefühl zur Seele. Während des Schreibens habe ich auch an mir Veränderungen bemerkt. Ich bin aufmerksamer und spüre sofort, wenn etwas gegen mein seelisches Wohlbefinden läuft. Mein Körper hat sich sensibilisiert. Ich spüre sofort ein Kribbeln zwischen den Schulterblättern und weiß, ich sollte meine Entscheidung noch einmal überdenken. Das ist spannend, und ich frage mich, wie das zustande kam, ich habe nicht wirklich eine Erklärung dafür. Genügt es, sich damit zu befassen? Schon wieder werfe ich eine Frage auf, wo ich doch eigentlich Antworten geben möchte.

Zeichen der Seele

Schon ist Toularion zur Stelle und hilft mir in seiner unendlichen Güte und Weisheit:

Geliebtes Kind,

oder soll ich besser sagen: geliebte Seele?

Wenn man seinen Ursprung sucht, durchläuft der Körper ein neues Schwingungsfeld mit all seinen Facetten der Liebe. Es geschieht eine unweigerliche Öffnung für das Seelenfeld. Das ist ein unbewusster Ablauf.

Da ihr Kinder auf der Erde immer Vergleiche sucht, möchte ich euch diesen jetzt geben.

Du hast auf deinem PC einen Bildschirmschoner. Er tanzt, bewegt sich, und im Hintergrund greift die Datensicherung auf die Festplatte zu. Das sind Parallelabläufe, ganz nüchtern betrachtet.

So funktioniert der Kontakt mit der Seele. Du öffnest dich für sie, bist bereit, eine stärkere Bindung einzugehen, und die Kommunikation öffnet sich wie ein Wasserfall, der frisch vom Felsen stürzt. Energie wird frei, Seeleninformation wird in hohem Maße freigesetzt, indem du einfach die völlige Bereitschaft zur Annahme signalisierst.

Gerne kannst du mit deiner Seele ein Zeichen vereinbaren, damit sie nicht über Schmerz mit deinem Körper kom-

munizieren muss. Oft ist das ihre einzige Möglichkeit, sich Gehör zu verschaffen.

Fühle dich getragen,

tauche ein in dein wahres ICH,

die Zeit ist bereit,

wenn du es bist.

Toularion im März 2017

Das war für mich ein ganz neuer Impuls. Konnte man wirklich mit der Seele ein Zeichen ausmachen? Sollte das wirklich so einfach funktionieren? Das empfand ich jetzt als wirklich spannend. Toularion hatte durch diese Antwort eine Lawine in mir ausgelöst, die sich wie ein Kreisel drehte.

Dabei entstand folgende Übung, bei der du dich am besten hinstellst.

1. *Öffne deinen Kanal nach oben.*
2. *Tauche ein in die Siebte Dimension.*
3. *Bitte deine fünfte Herzkammer, sich zum Wohl der höchsten Matrix auszurichten.*
4. *Lade jetzt Erzengel Metatron in dein Energiefeld ein und bitte ihn, die Schwingung zur Seelenebene für dich zu entfalten.*
5. *Bitte deine Seele, dir jetzt ihre aktuelle Seelenfarbe zu übermitteln, egal, ob du es fühlen, sehen oder hören kannst. Jeder Impuls zählt.*
6. *Stelle dich in diese Farbenergie und bitte die Seele, dir an deinem Körper ein deutliches Erkennungszeichen zu übermitteln, damit du immer weißt, dass sie mit dir kommunizieren möchte.*
7. *Merke dir dieses Zeichen und speichere es in deiner Herzenergie durch zweimaliges Klopfen ab.*

Kleiner Hinweis dazu:

Mir ist aufgefallen, dass sich die Seele immer in verschiedenen Farben zeigt. Meister Kuthumi hat mir dazu erklärt, dass die Seele sich dem Menschen immer in der Farbe präsentiert, die ihm gerade für seine Entwicklung und Heilung am meisten dienlich ist. Niemand kennt deine menschliche Inkarnation so gut wie deine Seele.

UR-KNALL *oder Warum der Streit?*

Beim Schreiben wurde auch ich wieder unsanft an meine Grenzen gestoßen. Natürlich, wo Menschen zusammen leben, gibt es immer mal wieder Streit.

Wie kann es aber sein, dass ich einen Menschen kennenlerne und ziemlich schnell die Chemie nicht stimmt, wenn alle Seelen sich so nah sind?

Moment, wie jetzt? Das ist mein Ego, das den anderen so wertet? Ego? Habe ich mir nicht eingebildet, dieses unnötige Teilchen im Griff zu haben? Weit gefehlt.

Anstatt sich in Liebe aus dem Weg zu gehen, bleibe ich sitzen, wohl wissend, dass ich damit eine Lawine lostrete. Bin ich in Erwartungshaltung, weil ich dieser Dame durch meine zahlreichen Kontakte eine Tür geöffnet habe, obwohl ich sie nicht kannte? Erwarte ich etwa Dankbarkeit?

Eric Standop, mein inzwischen sehr bekannter Gesichtsleser-Freund, hatte mir während einer Lesung zum Thema Seelenaufgabe klar gesagt: „Du bist ein CONTACTER zwischen den Menschen, du bringst Leute zusammen." Als er es ausgesprochen hatte, ging ich sofort damit in Resonanz. Er hatte Recht! Ja, so einfach kann es manchmal sein. Man bekommt etwas übermittelt und weiß sofort: So ist es, das ist stimmig!

Wollte ich von meiner Antipathie-Dame ein Zuckerchen als Ausgleich haben? Und wenn es wenigstens ein Dankeschön ist? Nein, ich war neugierig und wollte der Sache auf den Grund gehen. Oder? Ist das ehrlich?

Ich kannte mich selbst nicht mehr. Die Dame und ich waren ausgesprochen höflich im Umgang miteinander, doch konnte man darunter schnell auf beiden Seiten die völlige Antipathie erkennen. Ich versuchte, sie zu mögen, mich zur Ordnung zu rufen, vergeblich. Dann machte ich meinen berühmten innerlichen Fragebogen.

1. *Was spiegelt mir diese Person?*
2. *Wo bin ich in Resonanz?*
3. *Warum beschäftigt mich diese Frau so?*
4. *Warum bleibe ich in dieser Situation?*

Ich gebe zu, meine Antworten setzten mich nicht wirklich in ein gutes Licht. Am Anfang dachte ich noch, das würde sich legen...

Naja, ich bin auch nur Mensch, keine Heilige. Aber trotzdem setzte ich mich am nächsten Tag sehr kritisch damit auseinander. Die Dame wohl auch. Sie empfand mich als überheblich und kündigte mir aus diesem Grund bei Facebook die Freundschaft.

War das jetzt wieder ein Seitenhieb? Kränkte mich das? Ich muss gerade über mich selbst lachen. Ich lerne gerade aus diesen Zeilen für mich, für das Leben und umarme meine Schattenseiten. Sie sind ein Teil von mir. So lange ich sie reflektiere und mir bewusst ist, dass ich noch viel an mir arbeiten muss, ist doch alles gut, oder?

Übrigens steht als erster Satz in meiner numerologischen Auswertung Folgendes:

Entweder die Menschen lieben sie, oder hassen sie auf den ersten Blick. Ein Dazwischen gibt es nicht...

Na bravo, ich habe mir ja wirklich in aller Hinsicht beim Planen dieses Lebens einen Aperol zu viel gegönnt, oder?

Ihr seht, auch diese komischen medialen Menschen (damit meine ich mich, ich kann nur für mich sprechen!!!) sind noch eine Riesenbaustelle. Auch wenn jeder erwartet, dass wir in einem rosafarbenen Heile-Gänschen-Zuckerhaus leben...

Dass Menschen im Leben kommen und gehen, ist völlig normal. Aber wenn alle Seelen eine Grundschwingung der Liebe haben, warum tanzen unsere Gefühle dann hin und wieder emotional aus der Reihe? Es wäre jetzt einfach zu sagen: Da schwingt etwas aus einer alten karmischen Verbindung, oder wir haben einen Seelenvertrag in dieser Richtung abgeschlossen. Aber bitte – das ist mir an dieser Stelle als Erklärung zu simpel.

Die Lösung kam mal wieder von meiner lieben Schülerin und Freundin Angela Otto in Form eines Channelings. Spannend daran ist, dass sie es mir vor dem Treffen mit der Dame schickte und ich noch dachte, das würde nicht wirklich in dieses Buch passen. Ich habe mich mal wieder geirrt!

DANKE, LIEBE ANGELA!

Geliebte Menschen,

wir folgen euren Impulsen und geben euch Liebe und Heilung mit auf eure Wege.

Ihr wähltet diese Welt – ein Leben in der Dualität.

Seid euch gewahr, dass ihr besondere Aufgaben auf Erden habt. Eure eigens gewählten Aufträge.

Wo Licht ist, gibt es auch Schatten und vieles mehr.

Auf Erden gibt es Lichträuber sowie Schattenräuber.

Geliebte Menschen, wir sehen eure Anliegen und begleiten und unterstützen euch in voller Herzensliebe.

Wir sehen eure weichen Züge, die ihr zeitweise versteckt.

Erfahrungen haben die Menschen gelehrt, sich zu tarnen.

Der Flaum der Unschuld ist meistens den Kindern gewidmet.

Doch auch ihr könnt ihn zurückerlangen.

Wir unterstützen euch bei der Herzensöffnung und senden euch Licht und Liebe.

Bittet uns um Hilfe, und wir helfen.

Die Patrizier wussten es schon, wie auch das unbekannte Volk der Hatorex.

Lernt voneinander.

Ihr seid alle gleichgestellt.

Dankt der Quelle für euer Sein und lasst euch nicht beirren von Licht und Schatten.

Lichtarbeit unterstützt die Heilung der Wesen auf Erden, seid ein Teil davon.

Parin, ein Bote des Lichts – einst selbst ein Wesen eurer Welt.

Empfangen durch Angela Otto.

Ihr findet Angela, die ein fantastisches Medium ist, übrigens unter

www.jenseitskontakt-darmstadt.de

Dieses Channeling sagt sehr viel aus, und die Begegnung mit dieser Dame hatte mir etwas gezeigt: Menschen, die einen dazu bringen, sich seine Schattenseiten anzusehen, sind kleine Heilengel.

Ich möchte mich an dieser Stelle bei meiner Antipathie-Dame bedanken, dass sie sich zur Verfügung gestellt hat. Solltest du diese Zeilen lesen: Ich lade dich sehr gerne zu einem Wiedergutmachungs-Aperol ein. Es tut mir leid, dass ich durch dich so einen Entwicklungsschub gebraucht habe...

ICH BIN-Energie

Wir alle suchen oft einen Weg, um unsere Mitte zu finden. Die Kraft der Worte ist dabei ein mächtiger Träger und Gesandter. Ich bin immer auf der Suche nach neuen Wegen zur Kanalöffnung, und scheinbar nebensächlich stolperte ich über ICH BIN. Fast wären mir die Kraft und die Energie dieser zwei Worte entgangen.

Ich möchte dir diese Übung an die Hand geben, weil sie mehrere positive Eigenschaften hat:

- *Sie öffnet,*
- *sie gibt uns Kraft,*
- *wir sind dabei in unserer Mitte,*
- *wir sind dabei in der höchsten Anbindung,*
- *sie lehrt uns, unserer eigenen Stimme Kraft und Raum zu geben,*
- *sie ist ein Versprechen an uns selbst,*
- *sie ist mehr als einfach.*

Die ICH BIN-Übung

Stell dich aufrecht hin und nimm drei tiefe Atemzüge. Aus dieser Energie heraus machst du einen Schritt nach vorne, streckst dabei beide Arme in den Himmel und schreist aus voller Kraft:

„ICH BIN!"

Bleib in dieser Energie, genieße alles, was du in diesem Moment in dir an Göttlichkeit und Schöpferkraft freisetzen darfst.

Du kannst einen gravierenden Unterschied bemerken, wenn du diese Übung wiederholst und an ICH BIN noch ein Wort hängst.

ICH BIN ... Mutter!
ICH BIN ... Kind!
ICH BIN ... Lehrer!

Egal, welches Wort du dranhängst, ICH BIN verliert völlig an Kraft. „ICH BIN" muss für sich alleine stehen.

Ich gebe zu, dieses laute Schreien ist für viele eine Überwindung. Aber es ist so unsagbar wichtig, um den heiligen Raum in dir zur völligen Entfaltung zu bringen.

Übrigens kenne ich inzwischen zwei Künstler, die genau dieses Verfahren von mir übernommen haben, um sich für ihren Bühnenauftritt optimal zu öffnen.

Ich schwöre auf diese Übung und möchte sie dir eindringlich ans Herz legen.

Seelenbilder

Ich bin wirklich untalentiert im Zeichnen. Immer wenn ich etwas malen soll, habe ich den entsetzten Blick meiner diversen Kunstlehrer vor Augen und lasse es lieber sein. Kein Wunder, dass ich mir später von Künstlerinnen, die mir sehr am Herzen liegen, meine Seelenbilder habe malen lassen, anstatt selbst zum Pinsel zu greifen. Immer wenn ich meine Seelenbilder betrachte, bin ich erstaunt, wie sehr sie mich wiedergeben. Spannend ist, dass zwei Künstlerinnen nur meinen Namen und mein Geburtsdatum kannten. Die Bilder, die ich erhielt, bewegen mich noch heute und lösen Tränen der Freude aus.

Und doch ist mir etwas bewusst geworden:

Zeichnen ist ein wunderbarer Weg, um an die Essenz seiner Seele zu gelangen. Zeichnen kann definitiv etwas Meditatives haben, und es geht auch nicht darum, ein schönes Bild auf die Leinwand zu zaubern, sondern dadurch in Kontakt mit deiner Seele zu kommen.

Ich kann dir nur aus ganzem Herzen Folgendes raten:

Wenn du nicht weiterkommst, wenn du die Sprache deiner Seele nicht hören oder fühlen kannst, zeichne sie.

Geh mit der Absicht heran, deiner Seele eine Kontaktmöglichkeit auf dem Papier zu ermöglichen, setze die Hirnfrequenz herunter und beginne. Es spielt keine Rolle, welche Art der Farben oder welches Papier oder welche

Leinwand du wählst. Lass den natürlichen Fluss deiner Seele zu. Du bist geführt, wenn du mit der Absicht, deine Seele kennenzulernen, an das Bild herangehst.

Vielleicht legst du dir auch noch deine Lieblingsmusik dazu auf. Die Absicht zählt. Lass Farben über das Papier fliegen und zu dir sprechen.

Nur Mut!

Zeit für mich

Zeit ist das kostbarste Gut, das wir haben. Oft gehen andere sorglos mit unserer Zeit um und sind sich gar nicht bewusst, was sie da tun.

Doch leider sind wir auch zu uns selbst oft nicht gut und räumen uns als Person zu wenig Zeit ein. Wenn man das Gefühl hat, alles läuft aus dem Ruder und man weiß nicht mehr, was man wirklich vom Leben möchte, hat sich Folgendes bewährt: der totale Rückzug – fern vom Alltag, von Familie und Job. Das muss nicht der teure Luxusurlaub sein. Manche Klöster bieten günstige Alternativen an. Zur Ruhe kommen ist der Zauberstab, der einem im Handumdrehen in die Klarheit bringt. In der Ruhe spürt man seine Bedürfnisse wieder, kann auf sie eingehen. Es ist sinnvoll, sich mehrere Tage zurückzuziehen. Wenn du dabei bestimmte Menschen vermisst, wird dir schon einiges klar. Noch klarer werden deine Bedürfnisse, wenn du deine Impulse in der Stille aufschreibst. Das Bild wird von Tag zu Tag klarer. Spüre hinein. Welche Veränderungen sind notwendig, um dich wieder auf Kurs und in den Einklang mit deiner Seele zu bringen?

Wenn du auf die wunderbare Reise zu dir selbst gehst, brauchst du Zeit für dich. Wenn du dich nicht für ein paar Tage fortstehlen kannst, dann räume dir wenigstens freie Zeit für Dinge wie Yoga, Laufen, Qi Gong, Meditation, Spazierengehen oder Ähnliches ein. Zeit, um aus den Zwängen zu fliehen und zur Selbstfindung zu nutzen.

Prinzipiell tragen wir alle die Veranlagung in uns, unseren eigenen Weg zu finden. Dafür brauchen wir keine selbsternannten Gurus, spirituellen Lehrer oder medialen Menschen. Was wir brauchen, ist der Zugang zur Herzensenergie, zu unserem Fühlen, zu unserem wahren Zentrum.

Wenn der Verstand unser Leben in die Hand genommen hat und wir das erkennen, ist das ein deutlicher Hinweis, sich selbst neu zu definieren. Besonders, wenn es in deinem Leben von Baustellen nur so wimmelt. Du, und nur du, hast es in der Hand, dein Leben zu ändern!

Wenn einer eine Reise tut...

Es gibt Urvölker, bei denen es üblich ist, sich bei längeren Fußmärschen einige Zeit hinzusetzen, damit die Seele nachkommen kann. Als ich mit meiner Freundin Heike über dieses Buchprojekt sprach, brachte sie mir diese Kultur mancher Urvölker nochmals ins Gedächtnis und bat mich, unbedingt etwas dazu zu schreiben. Die eigentliche Frage, die dahintersteckte, war Folgende:

Gerade wenn ich eine längere Flugreise mache, braucht die Seele dann Zeit, um nachzukommen oder sich zu akklimatisieren? Haben diese Völker Recht, und vergessen wir das in unserer schnelllebigen Zeit?

Nach allem, was wir bisher in diesem Buch gelesen haben, kommt hierzu ein klares Nein. Die Seele ist viel stärker, viel kompakter, und doch federleicht und anpassungsfähig in ihrer Energie. Der menschliche Körper muss sich akklimatisieren und der Stress abgebaut werden. Gegebenenfalls ist bei einer Reise auch noch ein Zeitzonenwechsel angesagt, aber all das tangiert die Seele nicht.

Aber es ist schön zu wissen, wie andere Völker ihre Seele ehren. Unsere Seele ist unsere Göttlichkeit und für uns selbstverständlich wie die Luft zum Atmen. Wir können beides nicht mit dem bloßen Auge erfassen und wissen doch, dass sie existieren und wichtig sind. Leider haben uns die großen Weltreligionen mit ihrer Auffassung von der Seele den leichten, spielerischen Umgang mit unserer Seele genommen.

Sprichwörter wie:

„Für das Seelenheil seiner Schäfchen sorgen",

„so eine gute Seele",

„was für eine verlorene Seele"

prägte und benutzte die Kirche im Mittelalter, um ihre Macht auszubauen und den Menschen die Selbstständigkeit zu nehmen.

Ich bin dankbar, dass heute selbst in den Religionen ein anderer Wind weht. Jede Seele und jeder Mensch dahinter haben ihre Berechtigung.

Du kannst einen Neuanfang starten im Umgang mit dir selbst, mit deiner Energie, mit deiner Göttlichkeit, indem du jetzt sofort eins tust:

Hadere nicht mehr mit deiner Lebenssituation!

Feiere jeden Moment, auch wenn er „beschissen" läuft (bitte verzeih diesen Ausdruck). Nur so kann das Positive in dein Leben einziehen, und du kannst in die vollkommene Schöpferkraft eintauchen.

Ich gebe zu, jeden Tag als Geschenk zu sehen, fällt schwer. Wie komme ich in diese Flow-Energie? Muss ich wirklich jeden Tag feiern, wenn ich gerade seelisch oder körperlich schlecht drauf bin? Oder wenn das Schicksal wieder unbarmherzig zuschlägt?

Dazu kann ich nur zwei Geschichten erzählen, die mich tief bewegt haben.

Ich bin beruflich viel unterwegs und versuche, meine vierjährige Tochter Emma so oft es geht mitzunehmen. So waren wir vor kurzem in Österreich unterwegs auf einem Spielplatz. Eine Gruppe behinderter Kinder kam mit ihren Betreuern ebenfalls auf den Spielplatz. Emma fing sofort an, mit einem ca. zehnjährigen Junge aus dieser Gruppe zu spielen. Es war wunderschön, wie die beiden sich ergänzten. Beide hatten diese kindliche Freude, beide waren sie ausgelassen, und wenn ein Klettergerüst zu hoch war, half der Junge meiner Tochter herauf. Als die Gruppe wieder aufbrechen wollte, war meine kleine Tochter sehr traurig und wollte die Hand dieses Jungen, der nicht sprechen konnte, gar nicht loslassen. Da kam eine Betreuerin auf uns zu, streichelte den Jungen, erzählte Emma, dass er gleich von seiner Mama abgeholt werden würde und sagte zu mir: „Danke, dass Sie Ihre Tochter mit unserer Gruppe haben spielen lassen. Da sind Sie eine wirkliche Ausnahme."

Da verschlug es sogar mir die Sprache. Diese Kinder hatten alle zusammen so eine wunderbar reine und friedliche Energie. Es war wunderschön, wie viel gelacht wurde.

Dahin sollten wir unsere Aufmerksamkeit richten: Diese Kinder zeigen uns, wie es geht! Sie nehmen ihr Handicap gar nicht als solches wahr. Wir nehmen unsere Probleme oft zu wichtig, haben verlernt, uns auf das Wesentliche zu konzentrieren.

Gerade in der westlichen Welt richten wir Erwachsenen unsere Aufmerksamkeit auf den Mangel, und das prägt uns, nimmt unserem eigentlichen ICH, das aus dem Zusammenspiel von Körper, Geist und Seele besteht, die Kraft, die es für ein erfülltes Leben braucht.

Halt bitte einen Moment inne und mache dir das bewusst.

Auf einer weiteren Reise hatte ich meine Mama und Emma dabei. Während ich Einzelsitzungen gab, zogen die beiden los, um die Stadt unsicher zu machen, und natürlich landeten sie zwangsläufig wieder auf einem Spielplatz. Emma, die sofort Kontakte knüpft, freundete sich ziemlich schnell mit einem etwas älteren Mädchen aus Syrien an. Meine Mutter saß auf der Bank und schaute zu. Meine Tochter fragte das Mädchen: „Wo wohnst du?" Das Mädchen zeigte auf ein Haus in der Ferne und meinte: „Das ist jetzt meine dritte Heimat, vielleicht darf ich da ja bleiben", und spielte lachend mit Emma weiter. Als meine Mama mir das abends erzählte, hatten wir beide einen dicken Kloß im Hals, denn es bewegte uns sehr. Aber auch dieses Kind hat sich die Kindlichkeit bewahren können. Wir klagen alle auf ziemlich hohem Niveau.

Vielleicht rufst du dir diese Geschichten ins Gedächtnis, wenn du dich über irgendetwas beklagst.

RAUS AUS DEM MANGELDENKEN,

REIN IN DIE ENERGIE DES SEGNENS UND GENIESSENS.

Nur in dieser Energie leben wir im Einklang mit unserer Seele und können die Warnblinkanlagen unseres Körpers in Form von Krankheiten aller Art ausschalten, ohne eine Generalinspektion im Krankenhaus machen zu lassen.

Wir müssen uns bewusst für das Glück entscheiden und unserer emotionalen Intelligenz den Raum einräumen, die sie braucht.

Zu guter Letzt: Hula im Kopf

Meine Freundin Heike hat es nicht leicht mit mir. Wir sind uns auf Seelenebene sehr nahe, unsere Freundschaft ist sehr eng, auch wenn wir uns nicht oft sehen. Sie ist der eher nüchterne, kopflastige Part und betrachtet meine Arbeit aus einer ganz anderen Sichtweise als ich. Für mich ist es spannend, wie wir beide ständig voneinander lernen. Sie öffnet sich durch mich immer ein wenig mehr für ihren Spirit, der übrigens sehr intensiv ist, auch wenn er etwas im Dornröschenschlaf liegt, und ich bleibe durch sie auf der Erde und verliere den Bezug zur Realität nicht.

Heike ist immer sehr ehrlich, wenn sie ihre Meinung sagt. Das schätze ich sehr an ihr, und deshalb freue und fürchte ich mich zugleich, wenn ich sie um ihre Meinung zu einem neuen Manuskript von mir bitte. Heike ist immer so ziemlich die Erste, die lesen darf (muss ☺). Zu diesem Buch kam folgende Reaktion: „Mit 70 Prozent kann ich gut etwas damit anfangen, der Rest macht mir Hula im Kopf! Aber du hast ja geschrieben, die Welt ist bunt… Die 70 Prozent, die für mich bleiben, haben mir viel gebracht."

Liebe Leserinnen und Leser, sollte ich auch bei euch Hula im Kopf verursacht haben, entschuldige ich mich von ganzem Herzen.

Diese Seelenreise, die Arbeit an diesem Buch, war für mich spannend, aber auch extrem anstrengend. Als es um den Abgabeschluss ging, war ich fix und fertig, mein Laptop tat keinen Mucks mehr. Ohne meinen Mann wäre wohl alles weg gewesen...

Es war herausfordernd wie noch nie und schuf für mich eine besondere Bindung zu diesem Buch.

Jedes meiner Bücher ist wie ein Kind für mich. Es wird geboren, geht in die Welt und muss sich eurer Kritik stellen. Nicht immer leicht, aber wunderschön.

Danke an dieser Stelle von Herzen für eure zahlreichen Mails und Anfragen. Bitte habt Verständnis, dass ich bei ca. 150 Mails am Tag momentan etwas länger mit dem Beantworten brauche. Neben meiner Arbeit, meiner Familie, meinen Hunden und meinen Freunden brauche ich auch Zeit für mich. Ihr wisst ja – die Seele will gehört werden...

In diesem Sinne

Pflegt eure Seele und die Kommunikation mit ihr!

Eure Silke

Danksagung

Danke an alle, die bei der Geburt dieses Buches geholfen haben. Der Weg war dieses Mal besonders steinig und schwer.

Meine liebe Gaby, du bist die beste Lektorin der Welt, und danke, dass du dieses Laptop-Chaos geduldig abgewartet hast.

Ich danke meinem Mann und meinen zwei Töchtern, die meine „kann jetzt nicht"-Launen ertragen mussten.

Ich danke meinen Eltern, ohne die so vieles nicht möglich gewesen wäre.

Angela Otto für ihr tolles Channeling. Wie immer warst du meine Rettung...

Heike – Du bist nicht nur die allerbeste Heike, die man haben kann, meine Seelenschwester, sondern auch die Frau, die so viele Ideen für dieses Buch beigesteuert und alles so kritisch durchleuchtet hat.

Birgit – meine wunderbare mediale Freundin. Grüß mir Sylt, und danke, danke, danke...Du weißt schon, wofür...

Bettina, Andrea und Birgit 2: Ihr habt die Zauberwolke mit geprägt.

Mein bester Freund Alex mit Familie: Du bist der Stern in meiner Nudelsuppe oder ein Sechser im Lotto. Bessere Freunde kann man nicht finden.

Meine Pressefrau Nina: Du bist mein Engel, der einfach vom Himmel fiel.

Allen meinen lieben Leserinnen und Lesern danke ich für ihr unermüdliches Feedback und ihre liebevollen Worte, und all den Menschen, die mir so nahe sind und die ich vergessen habe.

Mein Abschlusswort gilt dem Smaragd Verlag:

Ich kann nicht oft genug DANKE sagen für die Arbeit, die ihr macht, und die Bücher, die ihr in die Welt tragt. Wie schön, dass ich Teil eurer Familie sein darf...

Über die Autorin

Silke Wagner wurde 1973 geboren. Durch eine Lebenskrise 2009 kam sie nach langer Pause wieder mit ihrer Spiritualität in Kontakt. Das geschah so intensiv, dass sie 2011 ihre Berufung zum Beruf machte. Fast gleichzeitig mit dem „Ja" zur Berufung trat die Atlantisenergie in ihr Leben und begeistert sie noch heute.

Sie gibt ihr Wissen in zahlreichen Vorträgen, Workshops und Seminaren weiter und erfüllte sich mit der Eröffnung ihrer spirituellen Buchhandlung *Zauberwolke* in Neustadt/ Weinstraße einen Traum.

www.die-zauberwolke.de

info@die-zauberwolke.de

Buchempfehlungen

Silke Wagner
Toularion – Blitzheilung aus Atlantis
72 Seiten, 11,5 x 16,5, broschiert – Small Edition
Vierfarbig
ISBN 978-3-95531-107-0

Heilmethoden gibt es wie Sand am Meer. Doch kaum eine ist so schnell, unkompliziert und effektiv wie diese von den Atlantern übermittelte Heilung. Sie ist nicht starr und stur, sondern lädt die Menschen ein, sich spielerisch mit der Heilkraft von Atlantis auseinanderzusetzen. Die Leichtigkeit und Freude von Toularion und seinem Hohen Rat von Atlantis springen wie ein Funke auf den Anwender über und laden regelrecht dazu ein, über seinen eigenen Tellerrand hinauszuschauen.

Silke Wagner
NOURINA – Toularions Tochter
Atlantische Heilgeheimnisse
80 Seiten, broschiert, Small Edition
ISBN 978-3-95531-162-9

Es ist an der Zeit, dass die helle, klare und liebevolle Linie aus Atlantis uns alle ein Stück durch diese heftige Zeit trägt, in der wir alle extrem durch Höhen und Tiefen gehen. Wichtig ist, dass wir uns positiv ausrichten, und genau dabei hilft uns das alte atlantische Wissen ungemein.

Nourina stellt die Heilung von Krankheiten und Ängsten in den Vordergrund. Die Übungen sind gut verständlich und im Alltag leicht umsetzbar.

Auch wenn uns die Welt da draußen manchmal an unsere Grenzen bringt: Jeder Lichtpunkt, den wir setzen, hinterlässt energetisch seine Spuren.

Lasst es uns anpacken, lassen wir unser Licht gemeinsam leuchten!

Silke Wagner
Verdammtes Loslassen, verflixte Selbstliebe
80 Seiten, broschiert, 11,5 x 16,5 cm, Small Edition
ISBN 978-3-95531-145-2

„Lass die Situation los!" – „Liebe dich so, wie du bist!"
„Wie oft hören wir diese und ähnliche Sätze von der Geistigen Welt, und mal ehrlich: Sie frustrieren, zumindest mich, total.
Meine Sorgen einfach loslassen, von jetzt auf gleich nicht mehr daran denken? Hallo, ich bin Mensch. Ich kann nicht zaubern. Ich bin auch noch Frau, und jede wird mir zustimmen: Unsere Makel lieben ist nahezu unmöglich.
Aus diesen Emotionen heraus beschloss ich, mit der Geistigen Welt „Tacheles" zu reden. Schonungslos ehrlich, manchmal ziemlich verzweifelt und am Anfang mit sehr viel Frust begab Ich mich auf die Suche.
Ein spannender Weg begann, mit Übungen, die auch mich manchmal an meine Grenzen brachten. Aber: Es hat sich gelohnt!"

Leila Eleisa Ayach
Seelenverträge - Absprachen in Liebe
152 Seiten, A5, broschiert
ISBN 978-3-941363-24-3

Wir fühlen uns oft machtlos einem Schicksal ausgeliefert, verstehen nicht, was mit uns geschieht, sind verwirrt, verzweifelt und traurig. Wir haben unsere Seelenverträge vergessen, nur: Seelenverträge – was bedeutet das?

Jeder von uns hat sich vor seiner Inkarnation auf der Erde einen Seelenplan festgelegt, in dem jede Herausforderung festgeschrieben ist, die unsere geistige Entwicklung fördert und uns auf den Weg zum Erwachen führt. Die Geistige Welt weiß um unsere Ängste und Nöte, unsere Herausforderungen, aber auch um unsere Sehnsüchte, Ziele und Wünsche, und möchte uns helfen zu verstehen, warum wir bestimmte Erfahrungen in unserem Leben machen.

Letztendlich geht es darum, im Einklang mit der Schöpferkraft und dem höchsten göttlichen Plan des Lichts zu leben – und die Schöpferkraft voll und ganz im Leben wirken zu lassen.

Sarinah Aurelia
Seelenverträge Band 12
Lichtwerdung – Und dann passiert das Leben
296 Seiten, A5, broschiert
ISBN 978-3-95531-161-2

Seelenverträge Band 12 führt nicht nur in die unendliche Liebe, die uns in unser wahres Sein trägt, sondern ist auch ein Wegbegleiter in dieser heftigen Zeit. Ein Ratgeber, in den man immer wieder eintauchen kann, der liebevoll erinnert, Antworten gibt, bei Transformationen hilft und schließlich heilt.

Beim Lesen berührt uns die Geistige Welt, was sich wohltuend auf Körper, Geist und Seele auswirkt. Es ist, als würden die Botschaften des Himmels atmen – so lebendig, dass es fast schon an ein Wunder grenzt.

Lasst uns gemeinsam durchs Leben wandern! Lasst die Engel uns berühren! Lasst uns gemeinsam eine bessere Welt erschaffen!